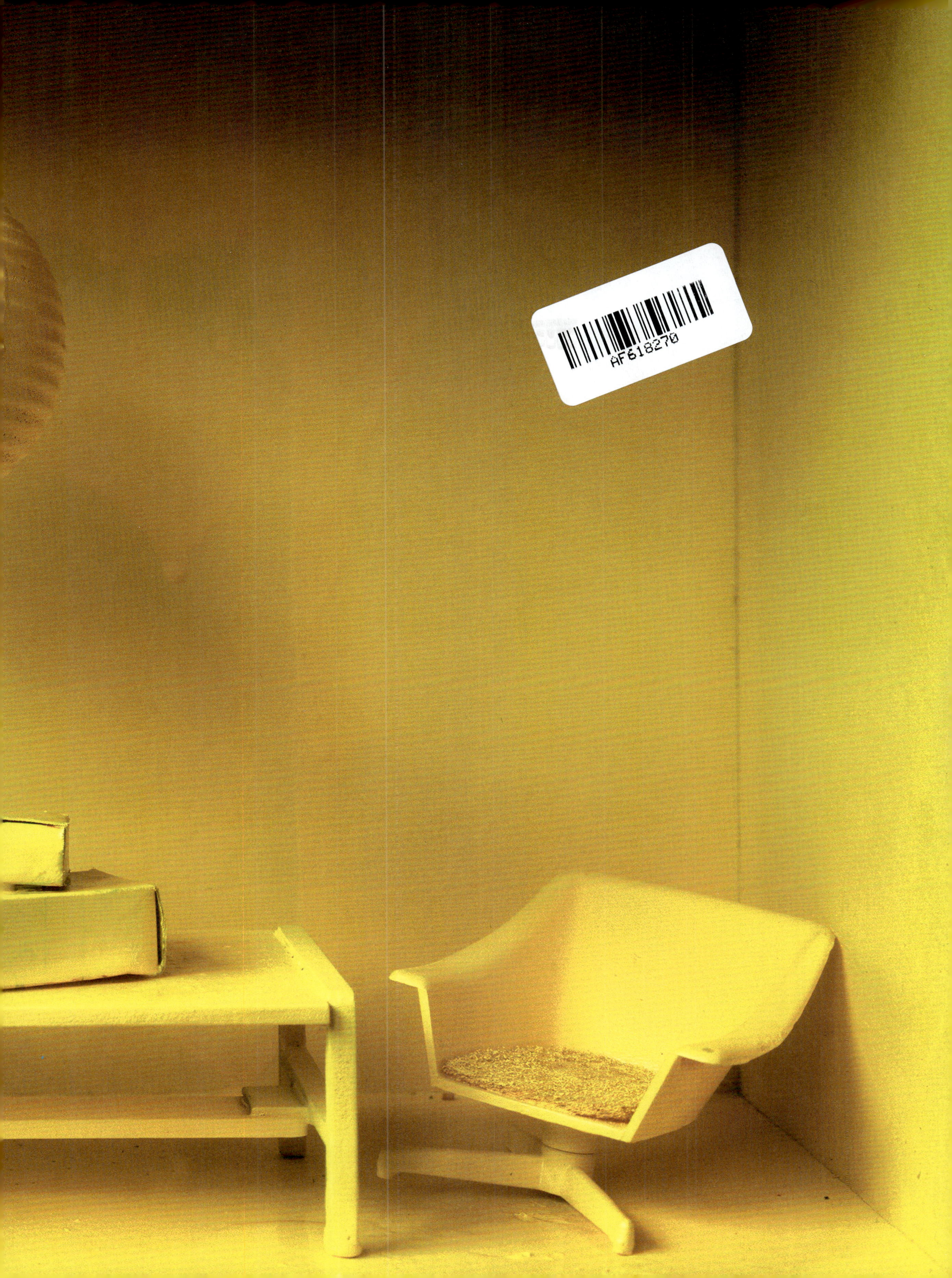

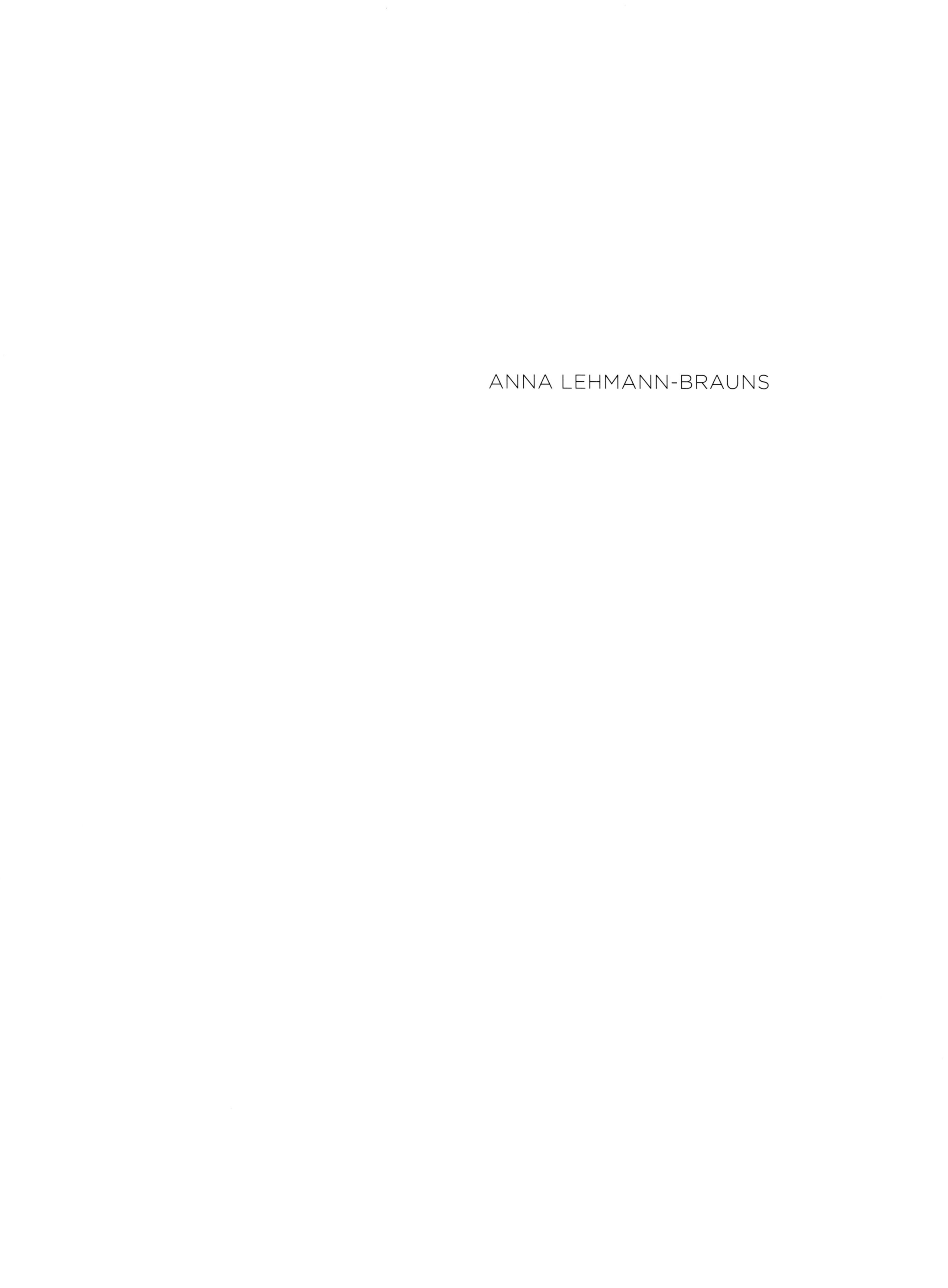

ANNA LEHMANN-BRAUNS

Und alles bleibt stumm
Und kein Sturm kommt auf
Wenn ich Dich seh …

Rio Reiser, *Junimond*

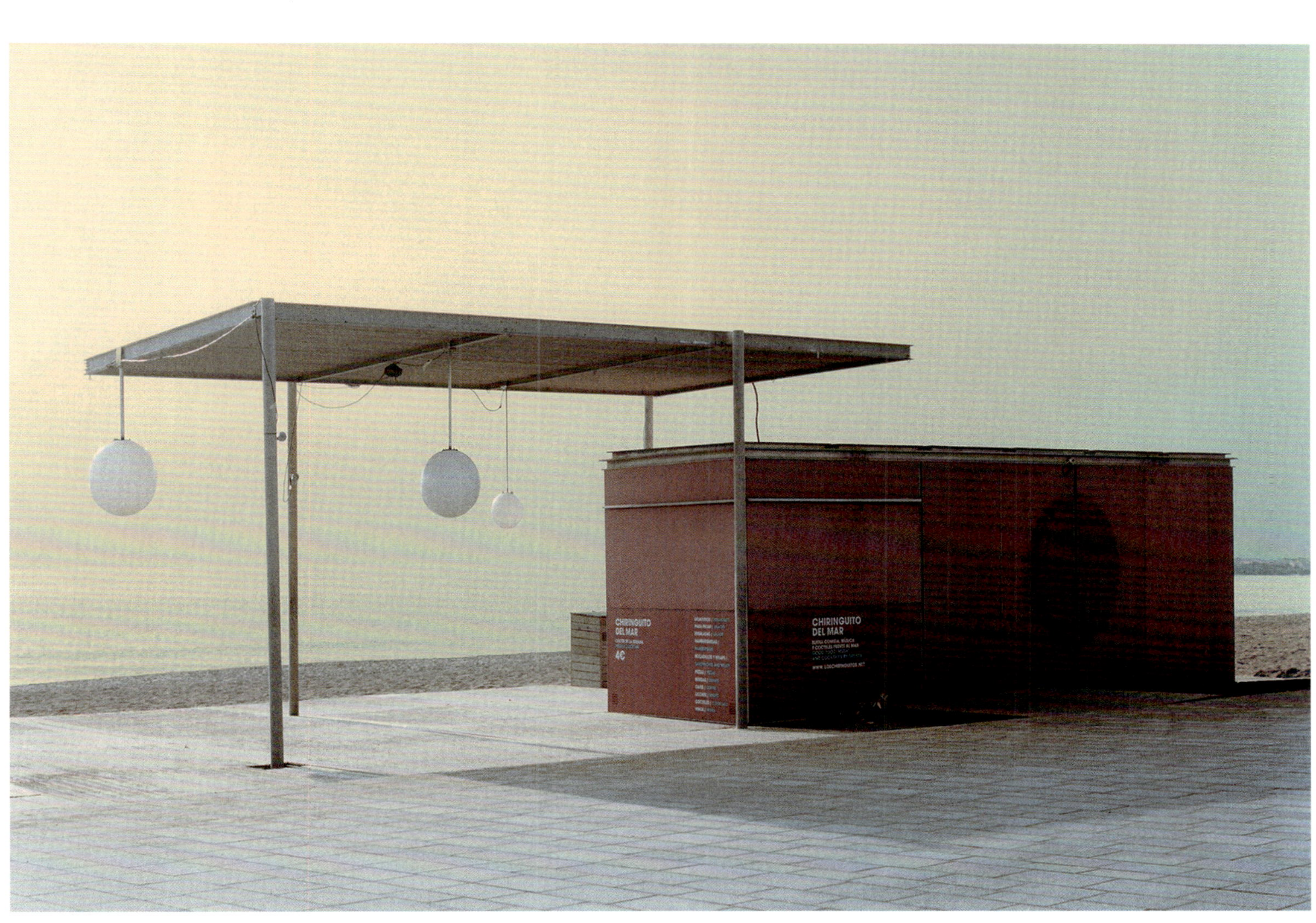
CHIRINGUITO
DEL MAR
4€
CHIRINGUITO
DEL MAR
BUENA COMIDA, MÚSICA
Y COCTELES FRENTE AL MAR

Hg. / Ed.
Matthias Harder

ANNA LEHMANN-BRAUNS

mit Texten von / with texts by
Sabine Ziegenrücker und / and Matthias Harder

DISTANZ

MISS YOU

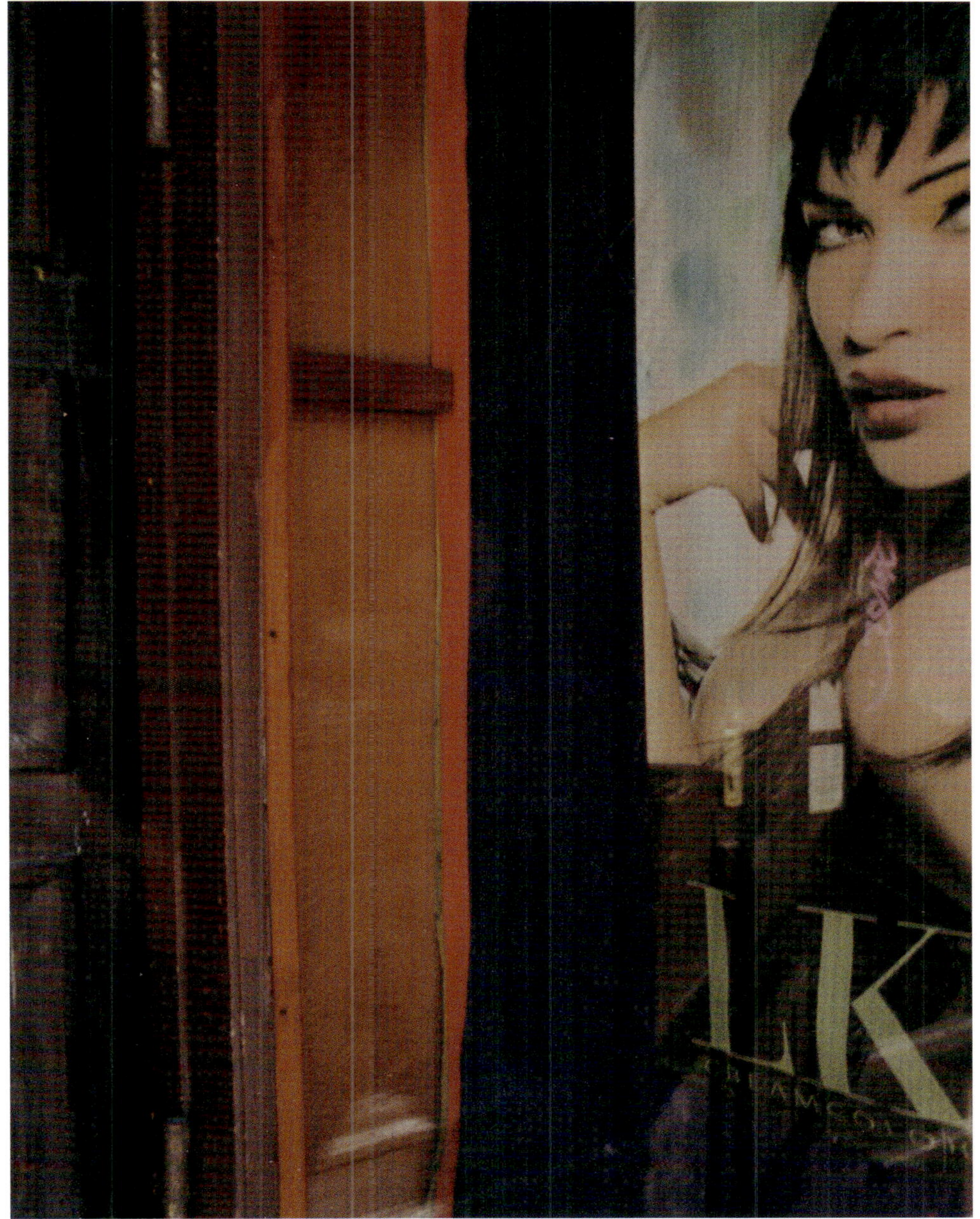

Budapest

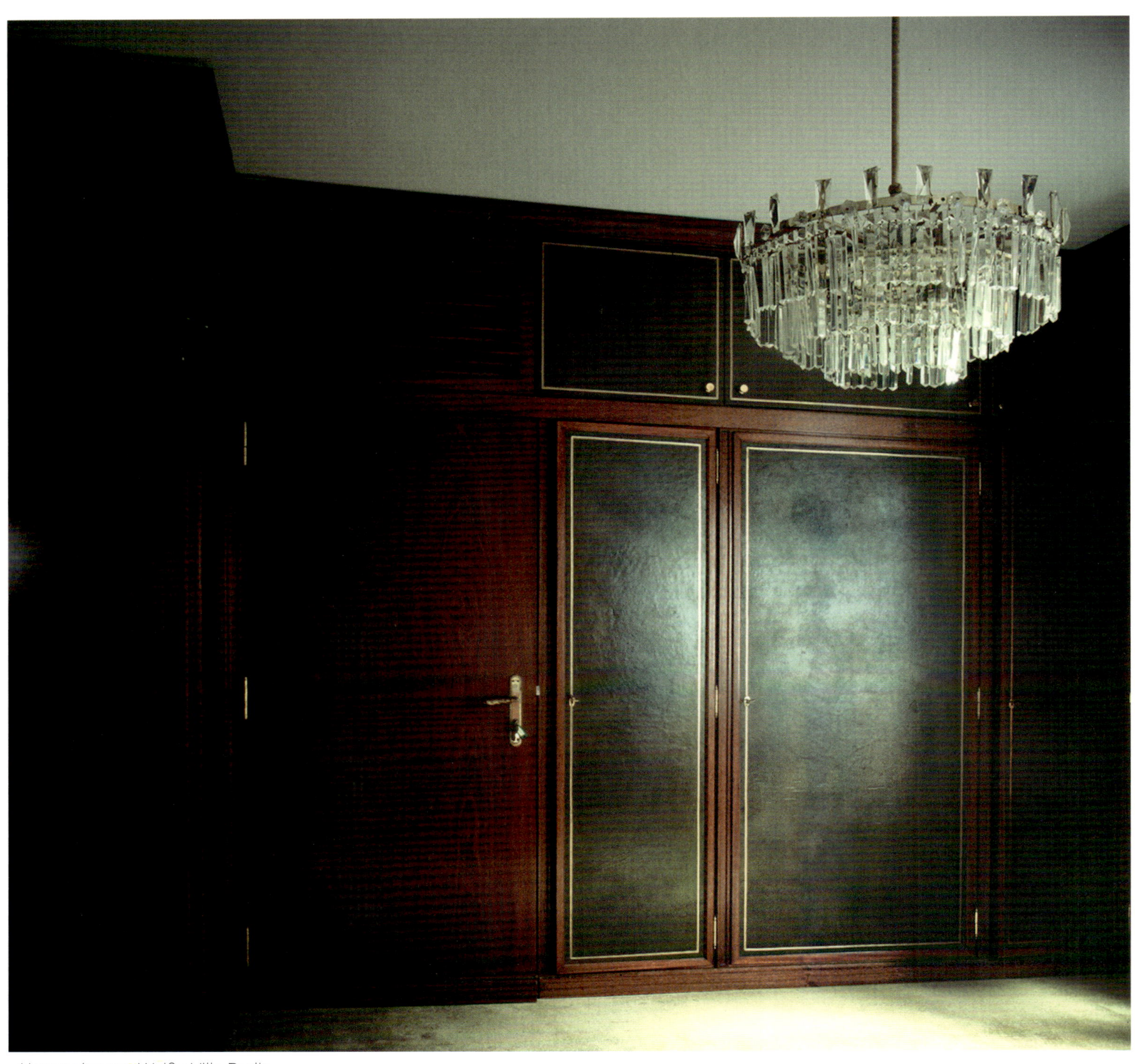

Herrenzimmer, Weiße Villa Berlin

Vorhang, Piemont

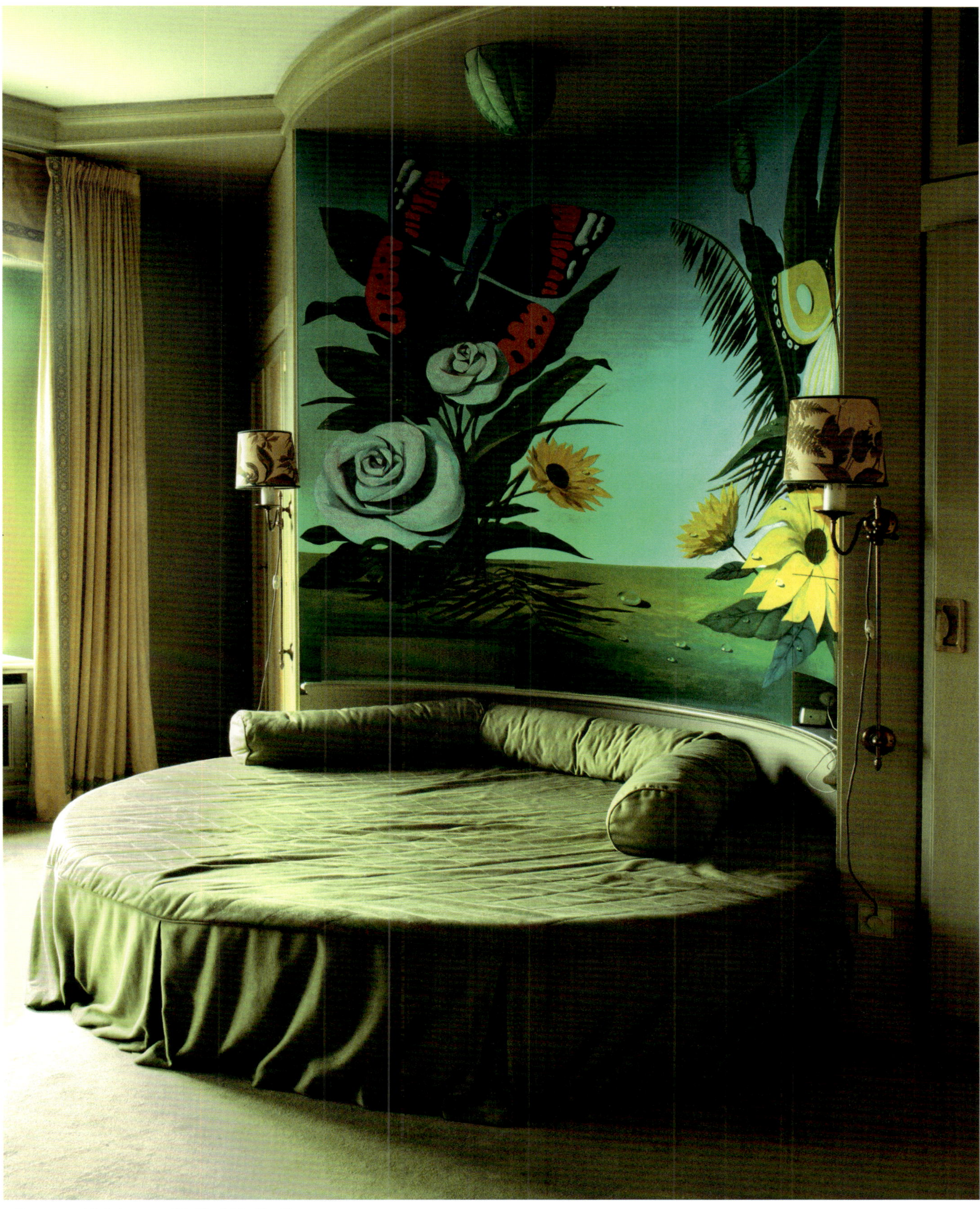

Damenschlafzimmer, Weiße Villa Berlin

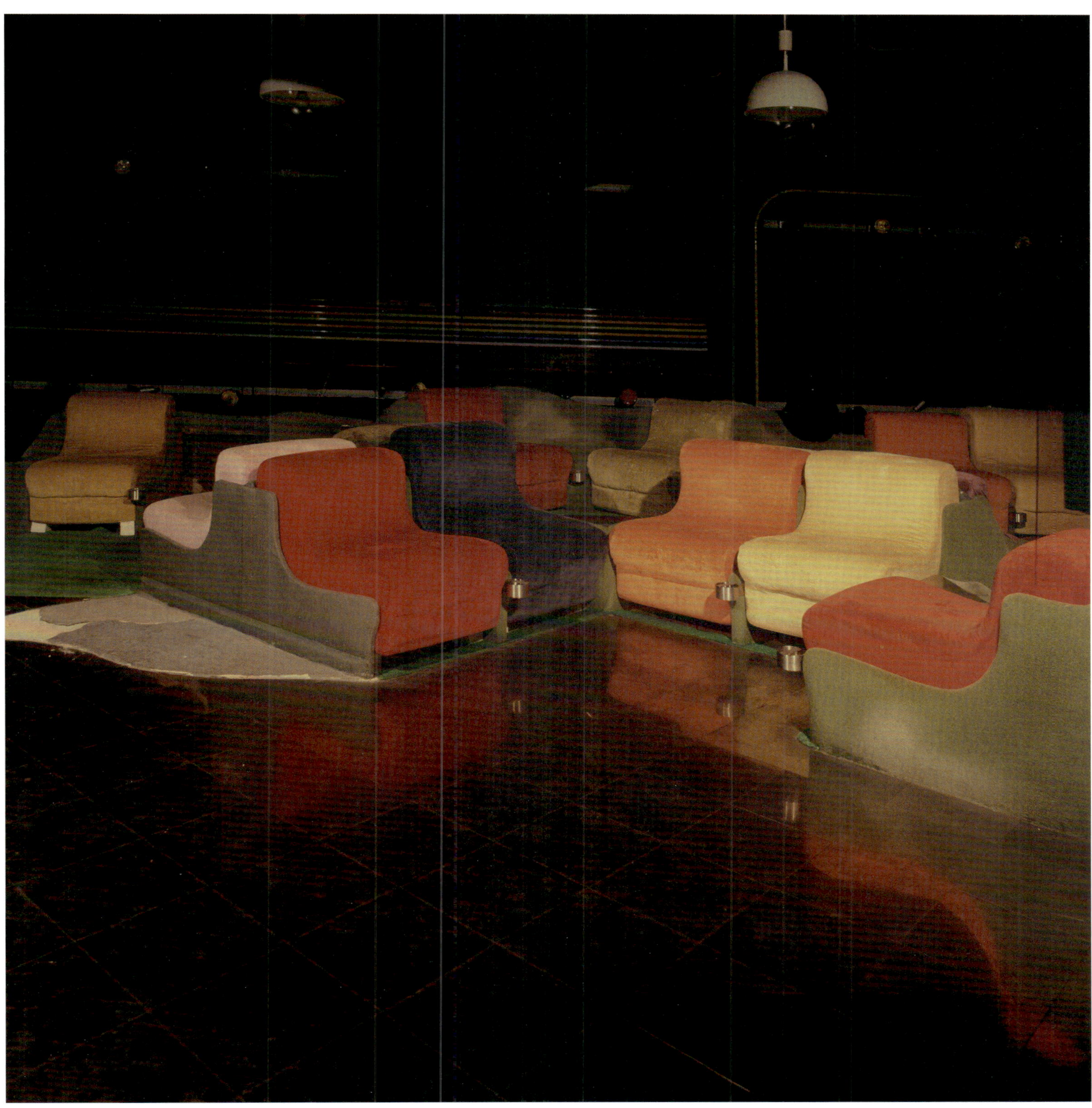

Disko, Weiße Villa Berlin

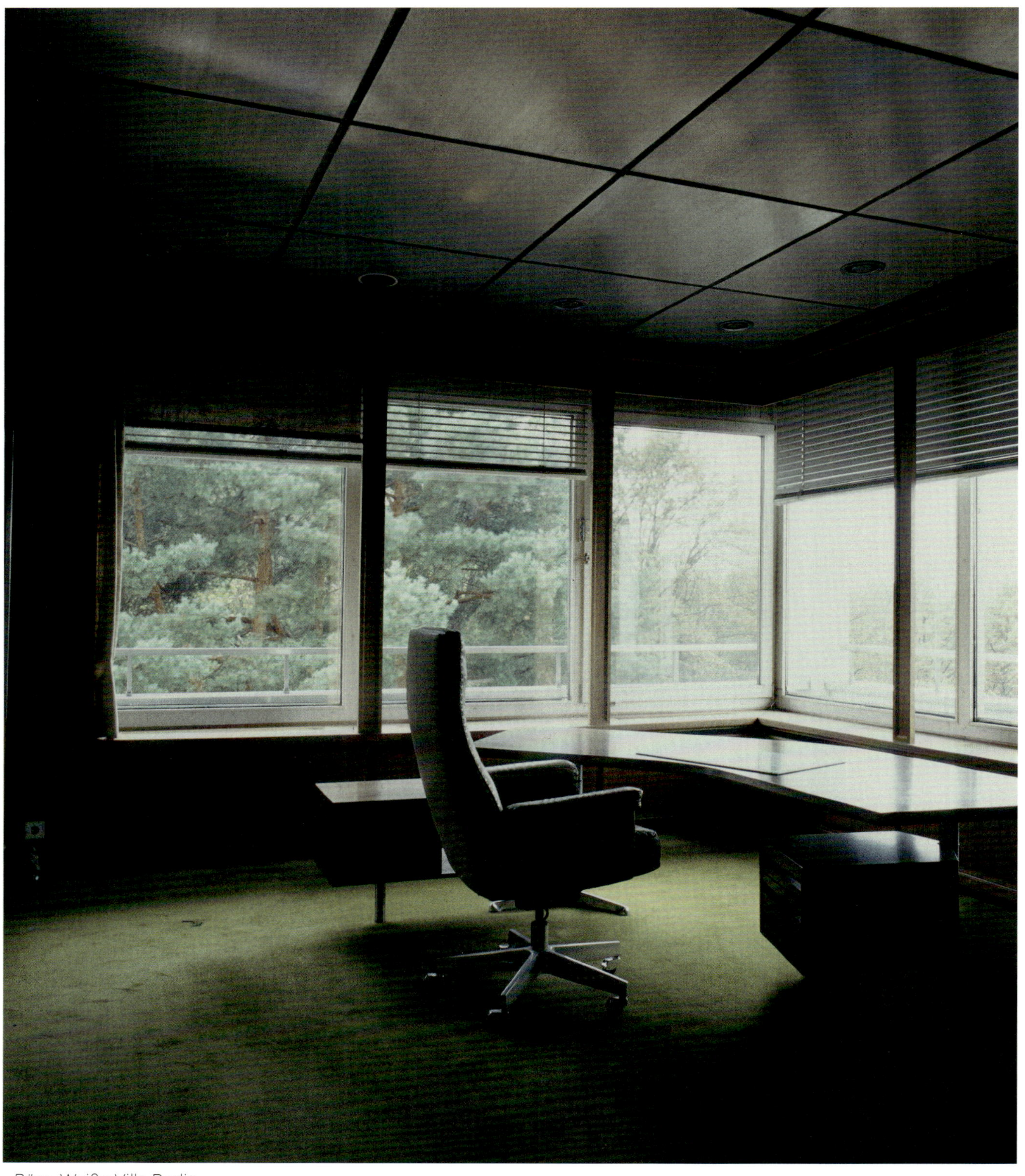

Büro, Weiße Villa Berlin

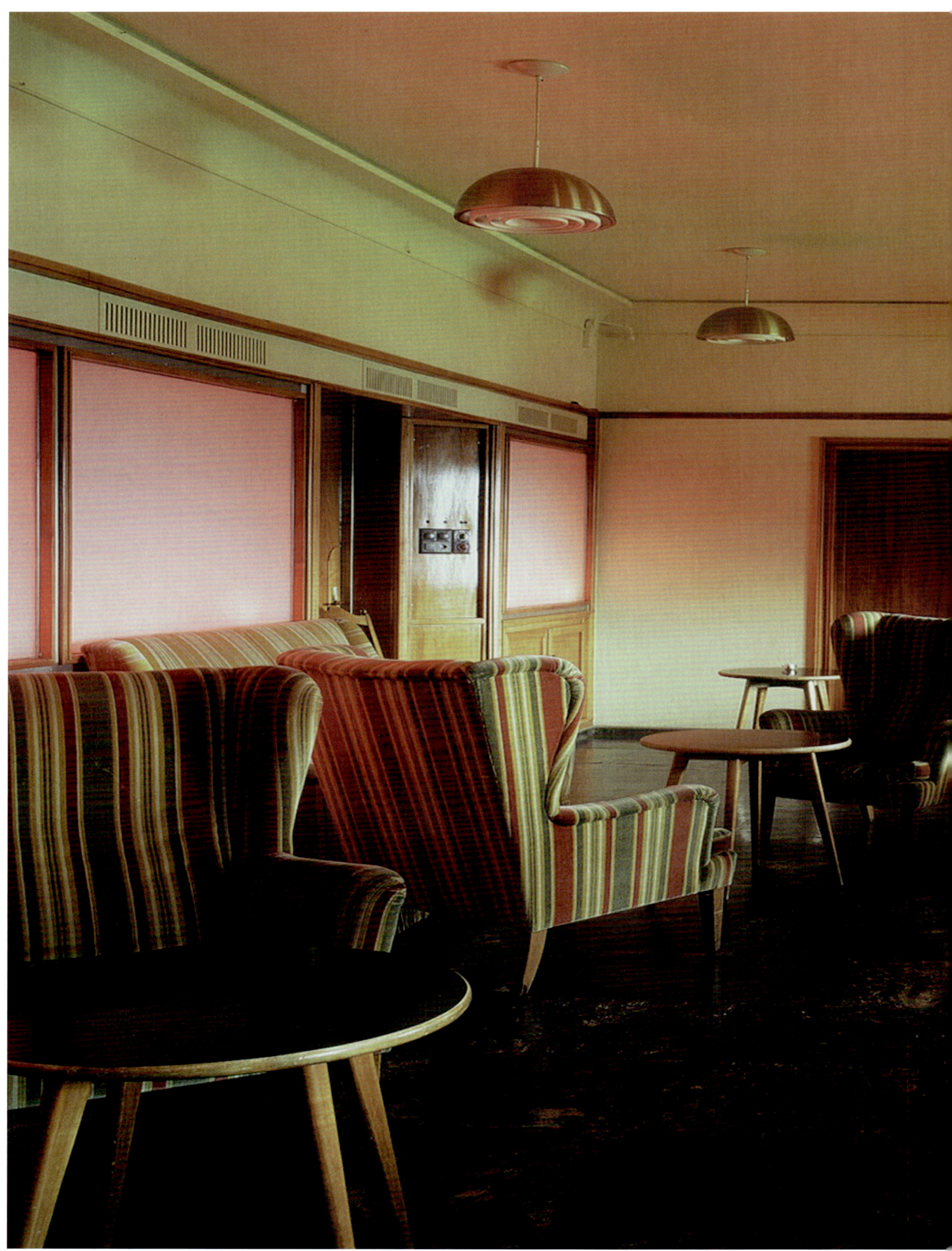

X-Ray-Bar, Hotel Schatzalp, Davos

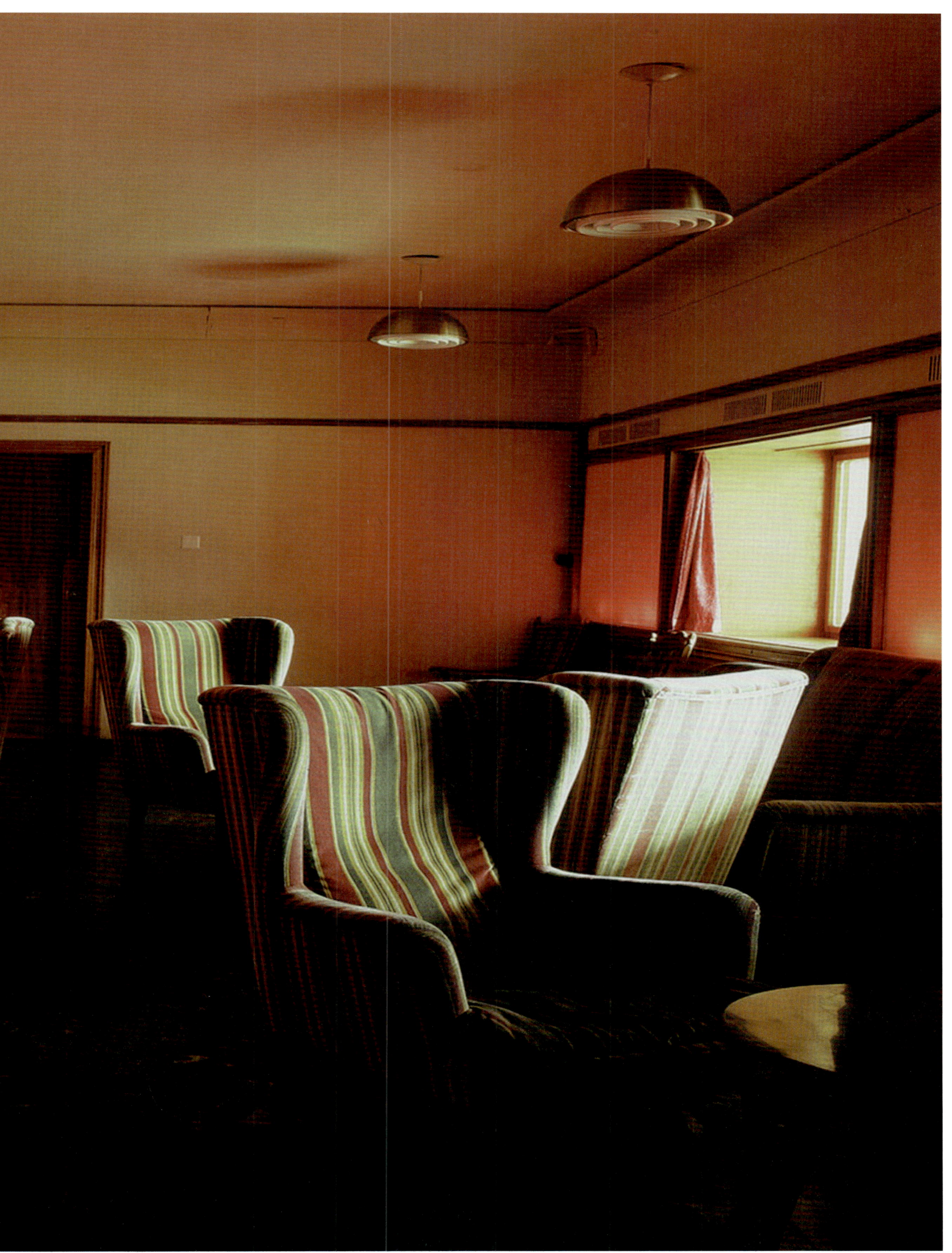

Reale Kulissen, kulissenhafte Realität

Matthias Harder

Real-life Backdrops, Reality as a Stage Setting

Matthias Harder

Babelsberg ist nicht Hollywood, aber das Prinzip der Illusionsmaschinerie ist das gleiche. Und so verbinden auch die Filmsets, die Anna Lehmann-Brauns in den ehemaligen Ufa- und Defa-Studios zwischen 2007 und 2014 aufgenommen hat, Realität und Illusion. Die Innenräume werden auf den Bildern schließlich als gebaute Kulissen entlarvt, und zwar durch den kompositorisch leicht vergrößerten Bildraum, der auch das unmittelbare Umfeld des gebauten Binnenraumes zeigt, beispielsweise ein Gerüst aus Stangen mit Scheinwerfern daran. Diese Raum-im-Raum-Idee, eingesetzt für schwülstige Telenovelas und aufwändige Filmproduktionen gleichermaßen, wird hier visuell geöffnet: Wir schauen auf das Filmset nicht wie ein Kinobesucher, sondern eher wie der Regisseur oder der Beleuchter – und damit gleichzeitig auf und hinter die Kulissen.
In diesem Kontext gelingt Anna Lehmann-Brauns mit dem Blick in eine vermeintliche Gefängniszelle eine besondere Aufnahme. Hinter einem Fenster erblicken wir Gitterstäbe vor wolkenlosem Himmel; wir befinden uns – so wird uns durch dieses Detail suggeriert – auf einer höheren Ebene innerhalb eines Gebäudes. Doch weiter rechts im Bild steht gleichzeitig eine Tür des Studios offen, und dort schauen wir ebenerdig in einen Garten. So wird hier nicht nur Innen und Außen, Kultur und Natur gegenübergestellt und im Bild wieder vereint, sondern durch die Kombination von klaustrophobischer Zelle und idyllischem Garten eine absurde Kombination erschaffen. Der Gefangene könnte einfach in eine andere Welt, eine Art Paradies hinausspazieren; eine unschlüssige Szene, wie sie in surrealistischen Filmen oder Arbeiten von David Lynch vorkommen könnte. Dabei stößt hier lediglich die natürliche Umgebung an die Kulisse, und für die konkreten Filmaufnahmen wurde die Tür dann selbstverständlich geschlossen. Lehmann-Brauns fokussiert ihren fotografischen Blick nicht nur in dieser Bildfolge auf den leeren Innenraum. Der Film, der dort gedreht wurde oder gedreht werden wird, spielt in unserem Zusammenhang keine Rolle, wenngleich er unterschwellig präsent ist, und so steht das bewegte Bild gegen das Statische. Eine dieser Soap-Operas, die für die Vormittagsprogramme der öffentlich-rechtlichen oder privaten Fernsehsender produziert werden, wählte die Fotografin für die gesamte Serie der unterschiedlichen Filmsets: „Julia, Wege zum Glück". Gleichzeitig könnten diese Aufnahmen auch Standbilder eines Films sein, nämlich eines Films über (das Medium) Film. In den verschlüsselt narrativen Aufnahmen fällt das Zeigen und das Gezeigte schließlich zusammen.

Babelsberg is not Hollywood, but the illusion machine principle is the same. The film sets that Anna Lehmann-Brauns photographed in the former Ufa and Defa studios between 2007 and 2014 combine reality and illusion. The photographs expose the interiors as constructed backdrops because the pictorial space, slightly enlarged in the composition, also shows the immediate surroundings of the constructed interior, for instance the scaffolding of metal rods and spotlights. This room-in-a-room idea, implemented for bombastic telenovas and expensive film productions alike, is visually opened up here: we look at the film set not as a moviegoer, but more as the director or lighting technician—simultaneously in and behind the set.
In this vein, Anna Lehmann-Brauns succeeded in creating a special shot in what is ostensibly a prison cell. Behind a window, we see bars against a cloudless sky; the detail suggests that we are on a higher floor of a building. But further to the right of the image, a studio door stands open, a garden is visible, and we see that we're on the ground floor. It's not merely inside and outside, culture and nature that are brought together here in the photograph and reunited; the joining of claustrophobic cell and idyllic garden creates an absurd combination. The prisoner could easily walk out into another world, a kind of paradise: an unclear scene of the kind one might find in Surrealist films or the works of David Lynch. Yet it's merely the natural environment colliding with the stage set, and the door was of course shut during the actual filming. This is not the only sequence of photos in which Lehmann-Brauns focuses her photographic eye on an empty interior. The film that was shot there or is about to be shot there is not of concern to us, even if it's latently present, and so the moving image is pitted against the static one. The photographer selected one of these soap operas produced for the morning broadcasting of public and private TV stations, "Julia, Wege zum Glück" (Julia, Paths to Happiness), for the entire series of different film sets. At the same time, these photographs could also be stills of a film on the medium of film. In the final analysis, in the coded narrative images, showing and the thing being shown become one.
These film set shots are formally similar to other sequences by Anna Lehmann-Brauns in which she addresses real and functional spaces. But while the long shot in Babelsberg forms a correlating interface between backdrop and surroundings, in the cinemas, gambling halls, brothels, and private homes

Diese Filmset-Aufnahmen sind anderen Sequenzen von Anna Lehmann-Brauns, in denen sie reale und funktionale Räume thematisiert, formal nicht unähnlich. Doch während in Babelsberg die Totale eine korrelierende Schnittstelle zwischen Kulisse und Umraum bildet, wählt die Berliner Fotografin in Kinos, Spielhallen, Bordellen oder Privathäusern vor allem Raumecken und aus der Zeit gefallene Einrichtungsdetails, die uns das Vorgefundene und Authentische unweigerlich hinterfragen lassen. Wo sind die Menschen, für die diese Räume geschaffen wurden? Blicken wir in bloße Gehäuse und auf Hinterlassenschaften der früheren Nutzer oder gar in eine postapokalyptische Welt? Tatsächlich interessiert sich Lehmann-Brauns für die sonderbar melancholische Stimmung verlassener oder kurzzeitig ungenutzter Räume und fotografiert diese häufig nachts. So zeigt sie uns die Welt als Schaukasten, als kulissenhafte Realität.
Bereits am Ende ihres Studiums hatte sie sich für ihre Diplomarbeit bei Joachim Brohm etwas Besonderes ausgedacht: Sie baute puppenstubengroße Räume mit Miniaturmöbeln in Schuhkartons und brachte diese Kisten zur Aufnahme an reale Orte, die zwar durch die winzigen Fensteröffnungen kaum sichtbar wurden, jedoch die Anmutung von einer realen Umgebung hatten. Und so zieht sich die Ambivalenz von wahr und falsch, von Sein und Schein sowie von Bürgerlichem und Abgründigem schon seit Jahren wie ein roter Faden durch ihr Werk. Die Künstlerin vereint hier unterschiedliche Werkgruppen der vergangenen Jahre; sie findet immer wieder neue Möglichkeiten und rätselhaft aufgeladene, einsame Orte, deren Atmosphäre sie mit der Kamera untersucht. Wir müssen uns als Rezipienten dieser zeitlosen Illusionsraum-Architektur immer neu verorten, etwa wenn wir gleichzeitig auf farbige Plastikperlenvorhänge und dahinter auf die nächtliche, gebrochene urbane Welt schauen.
So nehmen wir durch Anna Lehmann-Brauns' stille visuelle Kommentare Raum, also öffentliche wie private Räume, grundsätzlich anders wahr, und das muss ein zeitgenössischer Fotograf erst einmal schaffen.

the Berlin-based photographer shoots, she mainly selects corners and out-of-date furnishing details that make us question the given and authentic. Where are the people these rooms were built for? Are we merely looking into the dwellings and remains of former inhabitants, or is it a post-apocalyptic world? Indeed, Lehmann-Brauns is interested in the strange, melancholy mood of abandoned spaces or those that have been left unused for a short time, and she often photographs these at night. In the process, she shows us the world as showcase, as a backdrop-like reality.
Towards the end of her studies, she already thought up something special for her degree work with Joachim Brohm. She built dollhouse-sized rooms with miniature furniture in shoeboxes and brought these boxes to real places to photograph them, places that were barely visible through the tiny window openings, but that gave the feeling of real surroundings. And so the ambivalence between true and false, reality and appearance, bourgeois and the abysmal has carried throughout her work for years. Here, the artist brings together various different groups of works from the past several years; she always finds new possibilities and strangely charged, lonely places whose atmosphere she investigates with the camera. We always have to reorient ourselves as viewers of this timeless and illusory spatial architecture, for instance when we gaze simultaneously at colorful plastic beaded curtains and behind them at the broken nighttime urban world. Through Anna Lehmann-Brauns's quiet visual commentaries, we perceive space, that is, public and private space, in a fundamentally different way, and this is not an easy thing for a contemporary photographer to achieve.

Zustandsbeschreibungen und Sehnsuchtsorte – Räume voller Erinnerung und Einsamkeit

Ein Gespräch zwischen Anna Lehmann-Brauns und Matthias Harder

Matthias Harder: Du hast Dich seit der Studienzeit in Deinen Bildern ausschließlich mit Räumen beschäftigt, aber nie mit Menschen. Warum?
Anna Lehmann-Brauns: Das ist eine gute Frage, denn tatsächlich hat sich das Interesse an den menschenleeren Räumen erst langsam entwickelt, ehrlich gesagt auch aus einer eigenen Unfähigkeit heraus. Ich liebe besonders Porträts und sie sind letztlich Ausgangspunkt meiner Faszination für die Fotografie. Ich habe in Leipzig an der Hochschule für Grafik und Buchkunst studiert und dort waren Ende der neunziger Jahre Fotografen wie Nan Goldin, Rineke Dijkstra, Richard Billingham oder auch Jitka Hanzlová und Sally Mann unsere Vorbilder. Sie prägten eine neue Bildsprache, in der ein ungeschützter Moment, ein ungeschönter Blick und ein neuer Umgang mit der Pose, mit der Rolle und Dynamik wichtig waren. Die Arbeiten haben mich begeistert. Ich habe mich also immer wieder am Porträt probiert, aber letztlich musste ich einsehen, dass ich zu schüchtern oder zu höflich bin. Ein richtig gutes Porträt überschreitet für mich eine gewisse Grenze, es zeigt etwas, was der Porträtierte nicht mehr unter Kontrolle hat und eventuell gar nicht zeigen möchte. Das kann eine Unsicherheit in der Haltung sein oder im Blick, eben der „ungeschützte Moment". Ich habe mich nie getraut, diese Grenze zu überschreiten. Also habe ich ein neues Feld erobert, den Raum. Über Jahre hinweg habe ich diese eigene Sprache entwickelt. Meine Räume sind dementsprechend auch weit entfernt von narrativen Architekturfotografien, sie sind mehr Zustandsbeschreibungen, es geht um einen Moment der Sehnsucht, der Erinnerung oder der Einsamkeit, letztlich sind sie dem Porträt vielleicht doch sehr nah …

MH: Licht spielt in Deinen bühnenartigen Szenerien häufig die Hauptrolle. Das menschliche Auge nimmt das Licht, insbesondere abends oder nachts, ja häufig anders wahr als die Kameralinse respektive das Filmnegativ. Wie lange belichtest Du den Film, das einzelne Negativ? Und entsteht gelegentlich etwas auf dem endgültigen Bild, das Du in der Situation selbst gar nicht wahrgenommen hast?
AL-B: Ich belichte meine Bilder teilweise sehr lange, das Maximum waren elf Minuten, da wollte ich ein nächtliches Restlicht auf dem Ku'damm festhalten.

Descriptions of States and Locations of Longing—Spaces Full of Memory and Loneliness

A Conversation between Anna Lehmann-Brauns and Matthias Harder

Matthias Harder: Ever since you graduated art school, your photographs have focused exclusively on spaces, but never on people. Why is that?
Anna Lehmann-Brauns: That's a good question. Because my interest in rooms devoid of people developed very slowly at first, out of my own lack of ability, to be honest. I especially love portraits, and they're the departure point for my fascination with photography. I studied at the Hochschule für Grafik und Buchkunst in Leipzig, and our role models there, in the late nineties, were photographers like Nan Goldin, Rineke Dijkstra, Richard Billingham, but also Jitka Hanzlová and Sally Mann. They had created a new visual language that placed importance on things like a vulnerable moment, an unguarded look, or a new way of approaching the pose, the role, the dynamics between people. I was excited about these works, and so I kept trying out portraiture, but in the end I had to face the fact that I was too shy or polite. For me, a really good portrait transgresses a certain boundary and reveals something that the person depicted no longer has completely under control, or might not even wish to show. It can be an insecurity in the posture or gaze, in other words, the "unprotected moment." I never really dared to step over this boundary, and so I set out to conquer new territory, that of space. I developed my own language over a period of years, and my spaces are very far removed from narrative architecture photography. They're more like descriptions of states, a moment of longing, memory, or loneliness. In the final analysis, they might well be very close to portraiture after all …

MH: In your stage-like scenes, light often plays the main role. The human eye frequently perceives light, particularly in the evening or at nighttime, differently than the camera lens does, and consequently the film negative. How long do you expose the film, the single negative? And in the end, do things sometimes turn up in your photographs that you didn't notice in the actual situation?
AL-B: I sometimes use very long exposures for my images, the maximum was eleven minutes, when I wanted to record residual light at nighttime on Kurfürstendamm. I was shooting through a filigree chain curtain in a bar. I was only able to begin work

Ich habe durch einen sehr filigranen Ketten-Vorhang aus einer Bar heraus fotografiert. Ich konnte erst mit meiner Arbeit beginnen, als die Bar morgens um vier ganz leer und der Barkeeper ziemlich genervt war, denn er hatte versprochen zu warten. Der Aufwand hat sich aber gelohnt, die Aufnahme und auch der feine Vorhang sind ganz scharf und die Fotografie hält genau die Stimmung fest, die ich zeigen wollte, die mir „vor Augen schwebte". Dass diese Übersetzung von dem, was mein Auge sieht ins zweidimensionale Bild funktioniert, ist immer ein großes Geschenk. Ja, ich bin manchmal selbst überrascht und entdecke Details, die ich vorher nicht gesehen habe. Tatsächlich ist es bei nächtlichen Aufnahmen oft so, denn die Situation ist nicht komplett übersichtlich, es gibt zum Beispiel ein Meer an Lichtquellen und man weiß nie, wie dieses auf dem Filmmaterial abgebildet wird. Den „Blow-Up"-Effekt habe ich im übertragenen Sinn also auch noch. Meine Spannung entsteht nicht beim Vergrößern des Bildes im Labor, sondern ich warte auf das entwickelte Dia. Diese Inkaufnahme einer „Planungslücke" unterscheidet mich definitiv von vielen Fotografen und Künstlern, die kontrollierter oder didaktischer vorgehen, für mich bleibt das Fotografieren an diesem Punkt ein Abenteuer.

MH: Gibt es Tricks (etwa auch in der Postproduktion), um das Rätselhafte einer bestimmten Situation adäquat in ein fotografisches Bild zu transformieren?
AL-B: Es gibt bestimmte Punkte, auf die ich besonderes Augenmerk lege. Meiner Erfahrung nach ist es in einer möglichst geklärten und vereinfachten Situation viel leichter, eine Stimmung von dem real Gesehenen ins fotografische Bild zu transportieren. Hier kommt auch mein Interesse an Bühne und Modell ins Spiel. Ein Bühnenbildner oder Modellbauer muss sich genau überlegen, was benötigt wird, um eine Stimmung, eine Szenerie mit wenigen Mitteln zu erzeugen. Es gibt nichts Überflüssiges. Diese Situation versuche ich auch herzustellen, obwohl das natürlich nie so gelingt wie bei einem extra konzipierten Raum. Ich interveniere also oft schon vor der eigentlichen Aufnahme, indem ich versuche, eine größtmögliche Übersichtlichkeit zu schaffen und die Situation weitestgehend zu vereinfachen. Störendes wird beiseite geräumt. Das können Aschenbecher, Servietten, Zimmerpflanzen oder auch Teppiche sein. Im zweiten Schritt ist die Auswahl des Kamerastandpunktes von großer Bedeutung und im dritten Schritt – dem der Postproduktion – beschneide ich die eigentliche Aufnahme und wähle häufig nur einen Ausschnitt aus. Dadurch ergeben sich völlig unter-

at four in the morning, after the bar was empty and the bartender fairly annoyed, because he'd promised to wait. It was worth the trouble, though, because the picture and the delicate curtain are perfectly in focus and the photograph captures exactly the mood I had in mind and wanted to visualize. It's always a huge gift when the image my eye sees actually works in a two-dimensional photograph. Yes, sometimes I'm surprised myself, and I discover details that I didn't see before. With the nighttime images, the situation is often not completely clear; for instance, there are always a number of different light sources, and you never really know which of these will be recorded on the film material. And so I still have the "Blow-Up" effect, in a wider sense. For me, the excitement doesn't arise when I'm enlarging the image in the darkroom; it's in waiting for the developed slide. This incorporation of a "gap in planning" sets me clearly apart from many photographers and artists that proceed in a more controlled, didactic way. In this regard, taking photographs remains an adventure.

MH: Are there tricks (for instance in post-production) to adequately transforming the mysterious quality of a particular situation into a photographic image?
AL-B: There are certain things that I pay particular attention to. From my experience, it's much easier to transport a mood from the actual occurrence to the photographic image when the situation is as clear and simple as possible. This is where my interest in the stage and models comes into play. A stage designer or model builder has to think carefully about what's necessary to generate a mood or scene with limited means. There's nothing superfluous. I try to create this situation too, even though it never works quite as well as it does with a specially constructed room, of course. And so I often intervene prior to the actual shot and try to bring about the greatest degree of clarity and to simplify the situation as much as possible. I clear away anything distracting: ashtrays, napkins, houseplants, rugs. The second step, choosing the camera angle, is extremely important, and the third step—in post-production—entails cropping the actual image and framing a part of it. This results in a variety of different picture formats. I follow the motif and try to focus on what interests me. It is, I'll admit, a pretty blasphemous way of approaching the medium of photography, but it follows the logic of my interests.

MH: Do you already know that a picture has turned out particularly well during the actual shooting?

schiedliche Bildformate. Ich folge dem Motiv und versuche auf das, was mich interessiert zu fokussieren. Das ist zugegebenermaßen ein ziemlich blasphemischer Umgang mit dem Medium Fotografie, aber für mein Interesse folgerichtig.

MH: Weißt Du bei der konkreten Aufnahme bereits, dass ein Bild besonders gut geworden ist? Und wann ist für Dich ein Bild ein gutes Bild?
AL-B: Wenn ich ein fantastisches Motiv entdeckt habe, weiß ich meistens, dass es ein gutes Bild ergeben kann. Das ist dann sehr aufregend. Als ich zum ersten Mal in die polnische Fabrik kam und diese eingestaubte Traumwelt vor mir lag, da wusste ich, ich hatte einen ganz besonderen Ort aufgetan. Meine Mittelformat-Kamera ist mir ein gutbekannter und treuer Begleiter geworden, ich kann abschätzen, ob es mir gelingen wird, das Gefundene ins Bild zu transportieren. Manchmal allerdings ist es auch ganz anders und erst nach Jahren fällt mir wie Schuppen von den Augen, dass ein Raum, eine Ecke oder ein Gebäude ein interessantes Motiv sein MUSS. Was ein gutes Bild für mich ausmacht? Das ist nicht so einfach zu formulieren ... Für mich ist die Strenge der Komposition eines Bildes ausgesprochen wichtig und natürlich die Kraft und die Stärke, die ein Bild hat, vielleicht auch eine Obsession oder ein besonderes Interesse des Künstlers, die erkennbar sind.

MH: Wie spürst Du die Orte und Räume auf, ganz systematisch, vergleichbar einem Location-Scout, oder fällst Du dort ganz zufällig rein?
AL-B: Oft führt mich mein Weg zufällig zu den interessantesten Orten. Auf die fantastische Fabrik in Polen bin ich über einen Beitrag in „titel, thesen, temperamente" aufmerksam geworden. Immer sind es visuelle Eindrücke, die mich besonders interessieren, und dann begebe ich mich auf Spurensuche. Ich weiß, es gibt irgendwo einen Ort, und den möchte ich finden und fotografieren. Diesen aufzustöbern ist nicht immer einfach. In Polen zum Beispiel, da habe ich mich durchgegoogelt, um dann ins Blaue hinein in ein entlegenes polnisches Städtchen zu gurken. Meine Freundin und ich mussten dann noch einer Kontaktperson in einem dicken Auto in eine finstere Gewerbegegend folgen, das war sehr aufregend. Die zweite Möglichkeit, einen interessanten Ort zu finden, ist das Herumstromern oder „Sich-treiben-lassen". Ich liebe große Städte auf der ganzen Welt. Wenn ich irgendwo bin, so wie das letzte Mal in Barcelona, dann versuche ich mir Zeit zu nehmen. Überall gibt es bestimmte Anziehungspunkte: Bars, Diskotheken und Restaurants, Kinos oder

And when does a photograph become a good photograph for you?
AL-B: When I've discovered a fantastic motif, I usually know that I can get a good image out of it. That's very exciting. When I entered the Polish factory for the first time and saw this dusty dream world, I knew that I'd discovered a very special place. My medium-format camera has become a familiar and loyal companion, and I can usually tell if I'll succeed in transporting what I've found into the photograph. Sometimes, though, it's very different, and it will take me years to realize that a room, a corner, or a building HAS to be an interesting motif. What goes to make up a good image in my mind? It's not so easy to put into words ... for me, the austerity of a picture's composition is incredibly important, and of course the power and strength that an image possesses, maybe even an obsession or a special interest on the part of the artist that can be recognized.

MH: How do you find the locations and spaces—do you search systematically, like a location scout, or do you happen upon them by chance?
AL-B: I often wind up in the most interesting places entirely by chance. I first became aware of the fantastic factory in Poland on the TV show "titel, thesen, temperamente." It's always the initial visual impressions that interest me the most, and then I explore, then I know that there's a place somewhere, and I want to find it and photograph it. It's not always that easy, though. In the case of Poland, for instance, I kept googling until I wound up in a remote Polish town, like a shot in the dark. My friend and I had to follow a contact person in a huge car to a sinister-looking commercial lot, very exciting. The second way to find an interesting place is to wander around, let yourself be led. I love big cities, all over the world. When I'm traveling, as I was in Barcelona recently, I try to take out time. There are these points of attraction everywhere: bars, discos, restaurants, cinemas, the sea. I always take good pictures on trips like these, presumably because I beam myself into a particular mood that makes me receptive. It's maybe not all that different from writing a song ... now and again, people recommend places to me, and I'm grateful for hints like these, but they rarely work for me, because my pictorial worlds are more select than they might seem at first glance.

MH: Do you change a space on site for the picture? Do you rearrange things?
AL-B: I use various different strategies in my photo series. When I take photographs in existing spaces,

das Meer. Bei solchen Ausflügen entstehen eigentlich immer gute Bilder. Vermutlich weil ich mich selbst in eine besondere Stimmung beame, die mich aufnahmefähig macht. Das ist vielleicht gar nicht so anders als ein Lied zu schreiben ... Ab und an werden mir auch Orte empfohlen. Ich bin dankbar für solche Hinweise, allerdings funktionieren sie selten für mich, denn meine Bildwelten sind doch ausgesuchter als es auf den ersten Blick vielleicht wirkt.

MH: Veränderst Du vor Ort im Raum etwas für das Bild? Oder arrangierst es sogar?
AL-B: Ich arbeite mit unterschiedlichen Strategien für die verschiedenen Bildserien. Für das Fotografieren in bestehenden Räumen entferne ich lediglich Störendes. Ich verwende hauptsächlich das gegebene Licht und arbeite lange an der Wahl des Ausschnitts. Ich arrangiere nichts, sondern versuche das Vorgefundene auf den Punkt zu bringen. Ich mache Belichtungsreihen und fotografiere immer mit Stativ. Durch diese Arbeitsweise kann man nicht schnell mal was knipsen, es ist immer eine ruhige und konzentrierte Situation, in der ich Zeit habe zu überlegen, wie ein guter Bildaufbau gelingen könnte. In einigen meiner Serien gehe ich anders vor. Für meine Serie „bitterblue" konstruierte ich selbst Räume in Puppenstubengröße, dort war dann alles erfunden und arrangiert. Auch bei den Filmsets habe ich das Licht gesetzt und einen Hintergrund ausgesucht, also recht stark interveniert. Für mich ist es wichtig, dass die Inszenierungen nicht zu clean werden. Ich liebe die alten inszenierten Fotoarbeiten von Sandy Skoglund mit den komischen Knettieren, wohingegen mir Gregory Crewdsons Riesen-Szenerien fast schon überinszeniert und gigantoman vorkommen, trotzdem finde ich mich in den Bildwelten dieser beiden Künstler wieder.

MH: Einige Bildideen transportierst Du in einer Serie, andere bleiben schlicht ein Einzelbild. Alles, was du machst, besitzt – nach meinem Verständnis – eine stille Poesie. Ist auch für Dich die Bildserie eine Art langes Gedicht und die solitäre Aufnahme ein kurzes? Oder greift ein solcher medialer Transfer zu kurz?
AL-B: Der Vergleich mit dem kurzen und dem langen Gedicht ist sehr schön. Allerdings funktioniert die Übersetzung für mich bei meinen Bildern tatsächlich nicht so linear. Dem Solitär könnte genauso gut ein Gedicht zugeordnet werden wie der Serie, entsprechend der Geschichte, die der Ort für mich hat. Die Abfolge der seriellen Bilder ist ausgesprochen wichtig. Sie muss einer bestimmten Dramaturgie folgen. Am Ende entsteht eher so etwas wie eine visuelle Melodie.

I only remove the distractions. I chiefly use existing light and I work on the framing for a long time. I don't arrange anything, but rather try to get to the heart of what's already there. I take series of shots, and I always use a tripod. When I work this way, I can shoot quickly, and it's always a quiet, concentrated situation in which I have time to think about how to set up a good picture. With other works I proceed differently. For my series "bitterblue," I constructed rooms the size of a dollhouse in which everything was invented and arranged. With the film sets, too, I did the lighting and selected a background, in other words, it was a relatively strong intervention. It's important to me that the orchestrations are not too clean. I love the old staged photo works of Sandy Skoglund with the funny clay animals, whereas Gregory Crewdson's gigantic scenes already seem overly staged and megalomaniacal, yet despite this, I recognize myself in the pictorial worlds of both of these artists.

MH: You carry certain pictorial ideas into series, while others remain single images. As far as I can see, everything you do possesses a quiet poetry. Is a photo series a kind of long poem for you, and a single image a short one? Or does a comparison in media of this kind miss the mark?

AL-B: The comparison to a short and long poem is very nice. In reality, however, the translation that takes place with my images doesn't proceed in quite so linear a way. The solitary picture could just as easily have a poem ascribed to it as the series, in accordance with the story that the place has for me. The sequence of serial images is extremely important. It has to follow a certain dramaturgy. In the end, it results in a kind of visual melody. In any case, text and music are of key importance to my work. The title of my first major monograph is also the title of a painting by Edward Hopper, "Sun in an empty room." My poetic associations proceed in many different directions. I collect titles, poems, lyrics, and passages from longer texts that touch me and that I might want to use later in my work. And so I'm thinking about calling the new book "Junimond," June Moon, after a song by the late Rio Reiser. The music stands for a very special time in the past, the eighties—for punk, rebellion, hearts throbbing, for my youth, a time I sometimes pine for a little ...

MH: On the other hand, the photographs could also be film stills; I can imagine that cinema must have influenced you. Who are your favorite directors, and why?

Texte und auch Musik sind für meine Arbeit aber auf alle Fälle von zentraler Bedeutung. Der Titel meines ersten großen Einzelkatalogs ist gleichzeitig der Bildtitel eines Edward Hopper-Gemäldes, „Sun in an empty room". Meine poetischen Assoziationen gehen in viele Richtungen. Ich sammele Titel, Gedichte, Songtexte, aber auch Passagen aus längeren Texten, die mich berühren und die ich vielleicht später in meinen Arbeiten verwenden möchte. So überlege ich, das neue Buch „Junimond" zu nennen, nach dem Song des verstorbenen Rio Reiser. Die Musik steht für eine ganz bestimmte, vergangene Zeit, für die achtziger Jahre, für Punk, Aufbruch und Herzklopfen, für meine Jugend, eine Zeit, der ich auch ein bisschen nachtrauere ...

MH: Die Aufnahmen könnten andererseits auch Standbilder eines Spielfilms sein, und ich kann mir vorstellen, dass das Medium Film Dich auch beeinflusst. Wer sind Deine Lieblingsregisseure – und warum?
AL-B: Du hast mit Deiner Vermutung Recht. Ich bin bekennende Cineastin. Wichtig sind für mich die Werke von Woody Allen, den Coen-Brüdern, Ang Lee und selbstverständlich auch von Alfred Hitchcock, François Truffaut und Roman Polanski, um nur einige zu nennen. Warum das so ist? Alle diese Meister geben keine durchgehende ästhetische Sprache vor, wie das beispielsweise Wes Anderson macht (und mich damit fast schon langweilt, weil es zu ästhetisch wird).
Es geht bei den genannten Regisseuren um die Annäherung an verschiedenste Variationen des „Beziehungsdschungels" und die Psychologie des Individuums. Aus einem inhaltlichen Interesse wird dann die jeweilige Form entwickelt, das Setting gewählt. Das interessiert mich. Ich habe in meinen Arbeiten niemals direkten Bezug auf ein filmisches Werk genommen, aber bestimmte Filme haben mich in ihrer Bildsprache schon sehr beeindruckt. Dazu zählen unter anderen „Manhattan" von Woody Allen, „Das Fenster zum Hof" von Hitchcock und „Der Eissturm" von Ang Lee, ein dichtes Porträt der amerikanischen Mittelklasse in den siebziger Jahren. Dieser Film ist in den Farben leicht vergilbter Fotografien aufgenommen, über allem scheint ein Schleier des Desinteresses zu liegen. Das finde ich spannend, diese präzise Übersetzung von Stimmungen in Bilder und Farben. Nicht vergessen möchte ich „The Big Lebowski" von den Coen-Brüdern. Eine kleine, armselige Truppe von Verlierern trifft sich immer wieder im Bowling-Center. Nach einem White Russian und einem Joint scheint die Welt für sie wieder in Ordnung. Ich habe auch mehrere Bowling-Bahnen fotografiert, sie glitzern und leuchten oder sind mit

AL-B: You've guessed right—I love cinema. The directors who have been most important to me are Woody Allen, the Coen brothers, Ang Lee and of course Alfred Hitchcock, François Truffaut, and Roman Polanski, to name just a few. Why, you ask? These masters do not present a single, unified aesthetic language in the way that, say, Wes Anderson does, which almost bores me, because it's too aesthetic. The directors I've named are interested in addressing a number of different variations on the "relationship jungle" and individual psychology. Each respective form and setting develops out of a specific content and interest. I find this interesting. In my work, I've never directly referenced a particular movie, but certain films have left a strong impression on me due to their pictorial language. Among these are Woody Allen's "Manhattan," Hitchcock's "Rear Window," and Ang Lee's "Ice Storm," a powerful portrait of the American middle class in the 1970s. The film was shot in the color scheme of slightly yellowed photographs, and a veil of indifference seems to lie over everything. I find this precise translation of mood into image and color very intriguing. And I don't want to forget "The Big Lebowski" by the Coen brothers. A small, down-at-the-heels group of losers meets regularly in a bowling alley. There doesn't seem to be anything a white Russian or a joint can't cure. I took photographs of several bowling alleys that glitter and shine and that have palm trees and the sea painted onto their walls, although they're in the basement of a public pool in North Hessen.

MH: It's no longer possible to clearly differentiate between illusion and reality, not only in your film sets; other interiors also seem to become illusory spaces. Do you see a clear difference between backdrop and reality during the working process, or do you become immersed, while taking your photographs, in a very different visual realm, in your own inner images?
AL-B: I don't wind up in a trance-like, suspended state, but I do, ideally, have a composed image in my mind's eye that I try to create, to capture from three dimensions and transfer to a two-dimensional material.
The found space turns into the space in my head, and then it really doesn't matter if it's a backdrop or a constructed or a found space. It's only about this location and the notion of a successful composition regarding the setup, light, and colors that can be created out of what's given in a particular space. It becomes clear that it really is about "illusory spaces," and that documentation and narration are completely beside the point for my work.

Palmen und Meer bemalt, obwohl sie eigentlich nur im Souterrain eines Spaßbades in Nordhessen liegen.

MH: Nicht nur in Deinen Filmsets können wir nicht mehr klar zwischen Illusion und Wahrheit unterscheiden, auch andere Interieurs werden, wie ich finde, zu Illusionsräumen. Kannst Du während des Arbeitsprozesses eindeutig zwischen Kulisse und Realität unterscheiden, oder tauchst Du während des Fotografierens vor Ort in einen noch einmal anders gearteten, gewissermaßen in Deinen eigenen Bildraum ab?
AL-B: In einen tranceartigen, enthobenen Zustand gerate ich nicht, aber tatsächlich habe ich idealerweise ein komponiertes Bild vor Augen, welches ich zu kreieren versuche, also aus der Dreidimensionalität auf ein zweidimensionales Trägermaterial zu bannen. Aus dem vorgefundenen Raum wird das Bild vom Raum in meinem Kopf. Tatsächlich ist es dann egal, ob es eine Kulisse oder ein gebauter oder ein vorgefundener Raum ist. Es geht dann nur um diesen Ort und um die Vorstellung einer gelungenen Bildkomposition im Hinblick auf den Aufbau, das Licht und die Farben, die aus den Vorgaben dieses Raums geschaffen werden können. Hier wird deutlich, dass es sich wirklich um „Illusionsräume" handelt und Dokumentation und Narration vollends uninteressant für meinen Ansatz sind.

MH: Die HGB Leipzig gilt seit vielen Jahren in der Foto- und Kunstszene als einer der wichtigsten Ausbildungsorte für angehende Künstler in Europa. Wie hast Du Deine Studienjahre, insbesondere bei Deinem Lehrer Joachim Brohm, erlebt? Gab es an der HGB eine besonders intensive mediale Auseinandersetzung, auch mit den Kommilitonen etwa von Timm Rautert?
AL-B: Die Ausbildungszeit an der HGB habe ich als sehr intensiv erlebt und sie war ausgesprochen wichtig für mich. Ich habe 1994 begonnen zu studieren, das war nur fünf Jahre nach dem Mauerfall. Es war wirklich ein fremdes Land, in das ich da gegangen bin. Die Hochschule war in Aufbruch- und Umbruchstimmung. Viele Fotografen und Künstler, die in den letzten Jahrzehnten großen Erfolg hatten, besuchten die HGB, hielten Vorträge und prägten mit ihrer Sicht auch uns Studenten, wie Stephen Shore oder Nan Goldin. Ich habe im Grundstudium bei Tina Bara studiert, sie war selbst noch relativ jung und hatte eine ganz frische, begeisternde und mitreißende Sicht auf die Fotografie im Kontext der Kunst. Sie hat mich sehr motiviert. Danach habe ich in der Fachklasse von Timm Rautert gestartet, von ihm aus bin ich zu Joachim Brohm gewechselt. Brohm war für mich genau richtig. Auch er war relativ jung und offen und bereit,

MH: For years now, in the art and photography scene, the HGB Leipzig has been considered one of the most important teaching institutions for aspiring artists in Europe. What were your art school years like for you, especially with your teacher Joachim Brohm? Was there a particularly intensive exploration of media at the HGB with your fellow students, for instance those that studied with Timm Rautert?
AL-B: My time at the HGB was very intensive and extremely important for me. I started studying in 1994, only five years after the Berlin Wall fell. It really was like going to a foreign country back then. The academy was in the process of enormous change. Many photographers and artists who'd attained a high level of success over the past decades visited the HGB, held lectures, and left their mark on us students with their vision, people like Stephen Shore and Nan Goldin. I studied with Tina Bara in foundation year, she was young herself and had a very fresh, enthusiastic, infectious view of photography in an art context. She really motivated me. After that, I started studying in Timm Rautert's class and then switched to Joachim Brohm, who was just right for me. He was relatively young too, and he was open and willing to support me on my path, which was pretty scattered in the beginning. On the other hand, he was strict and difficult to impress. I developed my diploma work over a period of two years, and he helped me turn it into a reduced, clearer form. I also profited strongly from other students. Everyone worked very long and passionately on their projects, and almost only with the medium of photography. Today, the departments are organized completely differently. People work in a multi-media way from the very beginning, and the projects are developed, finished, and presented much more quickly.

MH: In your art, you play very subtly with the factor, or rather phenomenon, of perception; in the end, your pictures are perceived in various different contexts, in the original or in reproduction. What is an ideal reception for you?
AL-B: My works do not function as colorful little pictures in the Internet, but rather ideally—due to their special technique, the precision of the exposure, and the focus—as works of art on the wall whose respective size is established as precisely as the paper used or the framing. Reproducing the photographs in catalogues is also extremely difficult. My works quickly lose their effect when the reproduction is not precise. Because that's the essential thing about my work, that some blurry thing flying by in the background emerges in the foreground and becomes a

mich auf meinem Weg zu unterstützen, der zu Anfang noch diffus war. Auf der anderen Seite war er streng und schwer zu beeindrucken. Meine Diplomarbeit habe ich über einen Zeitraum von zwei Jahren entwickelt, und er hat sie in eine entschlackte, klare Form überführt. Auch von anderen Studenten habe ich stark profitiert. Alle arbeiteten lange und leidenschaftlich an ihren Projekten und auch fast nur mit dem Medium Fotografie. Heute sind die Studiengänge ganz anders aufgebaut. Von Beginn an wird multimedialer gearbeitet und die Projekte werden viel schneller entwickelt, abgeschlossen und präsentiert.

MH: Du spielst in Deiner Kunst sehr subtil mit dem Faktor respektive Phänomen Wahrnehmung, und auch Deine Bilder werden schließlich in unterschiedlichen Kontexten, im Original oder als Reproduktion wahrgenommen. Wie sieht für Dich die ideale Rezeption aus?
AL-B: Meine Arbeiten funktionieren nicht als kleine bunte Bildchen im Netz, sondern idealerweise – wegen der besonderen Technik, der Präzision der Aufnahme und der Schärfe – als Kunstwerke an der Wand, deren jeweilige Größe genauso austariert ist wie das verwendete Papier oder die Rahmung. Auch die Reproduktion der Fotografien in Katalogen ist äußerst diffizil. Meine Arbeiten verlieren sehr schnell an Wirkung, wenn die Präzision der Abbildung nicht gegeben ist. Denn das ist ja auch der Clou an meiner Arbeit, dass das, was eigentlich im Hintergrund unscharf vorbeifliegt, in den Vordergrund rückt, zum Thema wird. Ich hole das mit Stativ und oft Langzeitbelichtung aus der Dunkelheit. Es darf also nicht in einem zweiten Schritt der Reproduktion (welcher auch immer) wieder verschwimmen. Gleichzeitig sind meine Werke reproduzierbare Ausbelichtungen eines Dias, durch die Auflage von meist sechs Stück setze ich eine Grenze, schaffe künstlich Originale. Besonders bei „heiß begehrten“ Motiven ist das ein bisschen schade, weil sie schnell weg sind, doch da muss man streng bleiben.

theme. I retrieve this from darkness using a tripod and long exposures. And so it mustn't become blurred again in a second stage of reproduction, whatever the kind. At the same time, my works are reproducible exposures deriving from a slide, and I set a limit by making an edition, usually of six, artificially creating originals. Particularly in the case of "hotly coveted" motifs, it's a bit of a shame, because they sell quickly, but one must remain consistent.

PARADISE BLACK

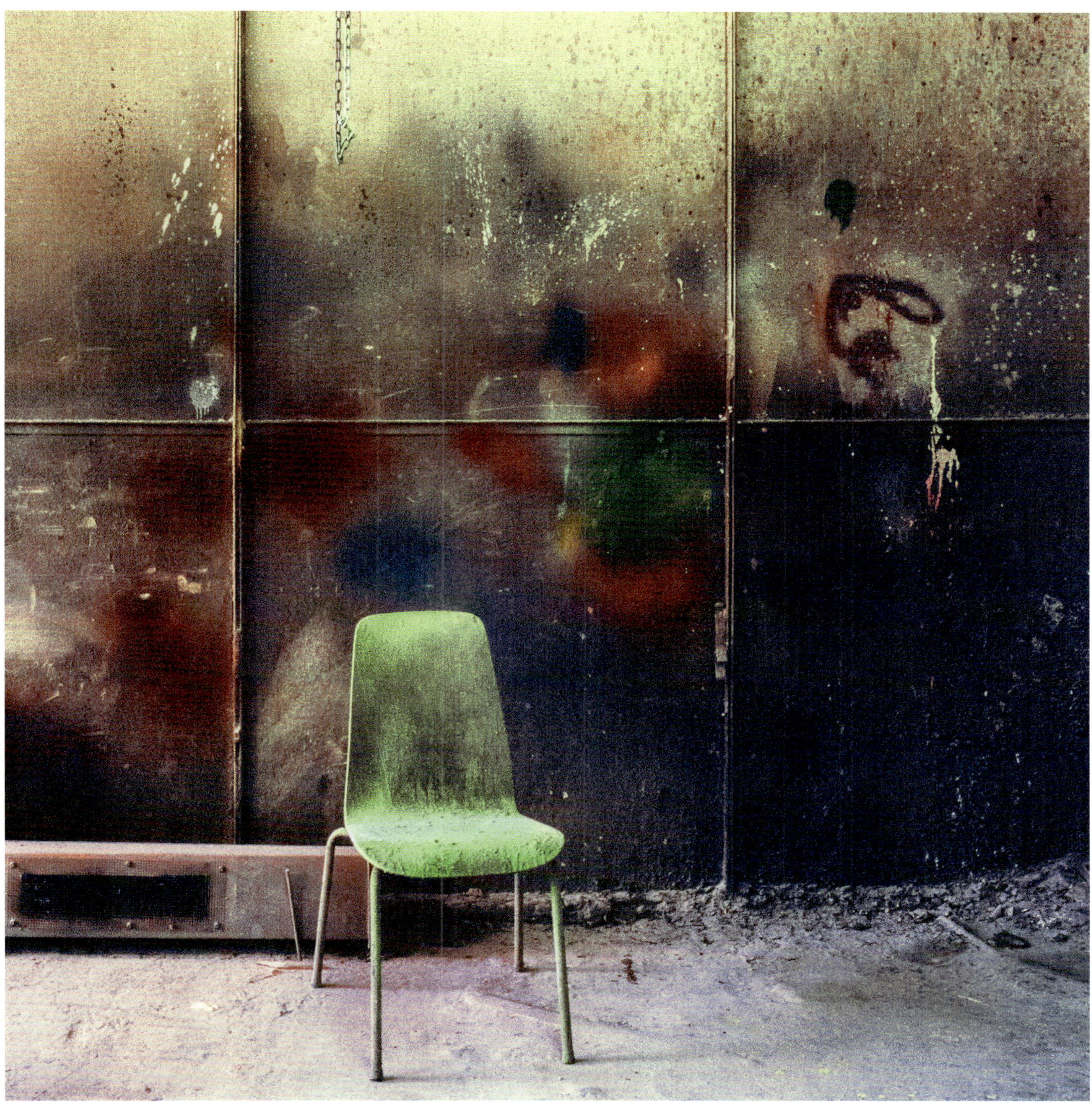

Grüner Stuhl, Polen

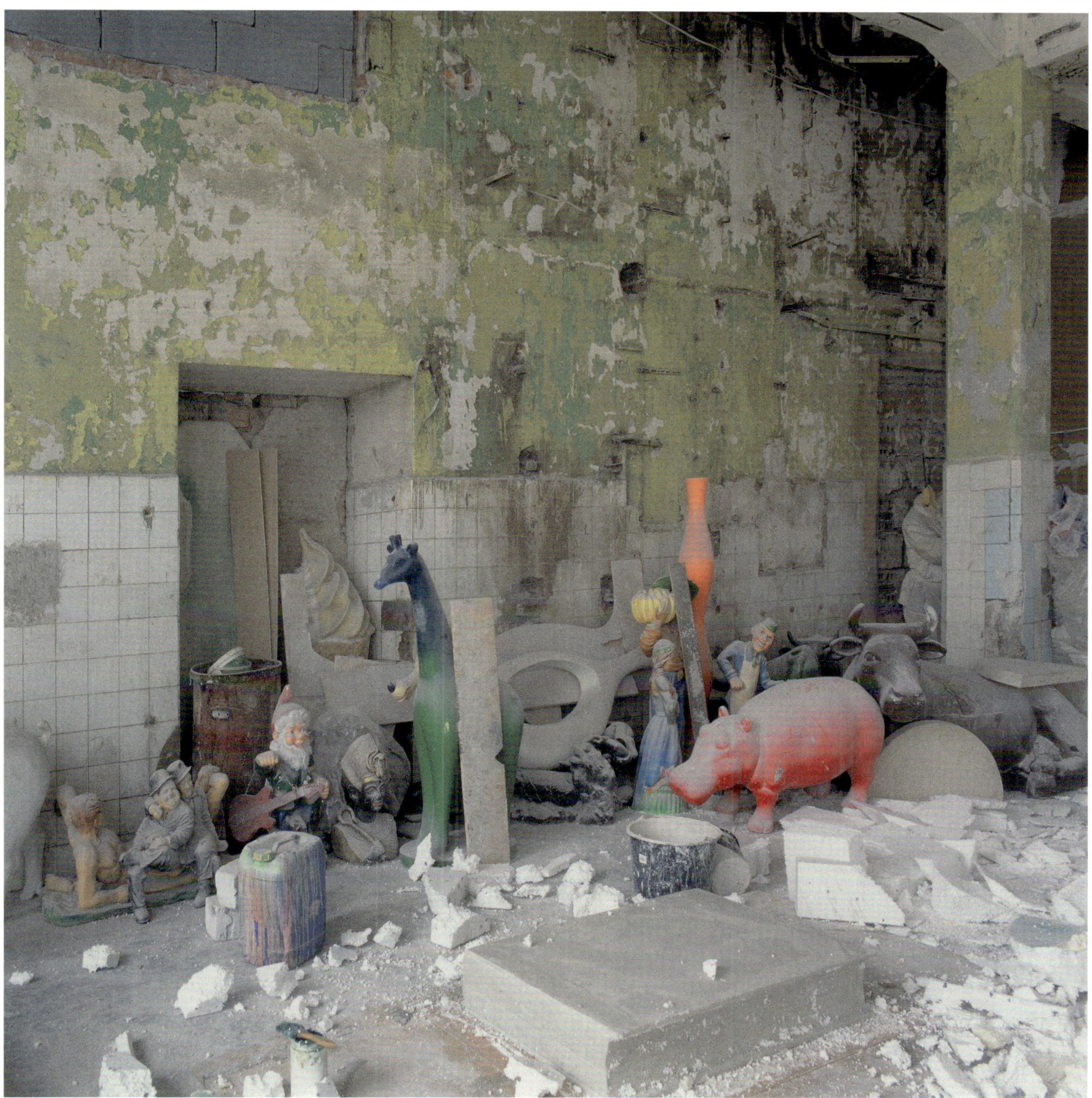

Nilpferd, Polen

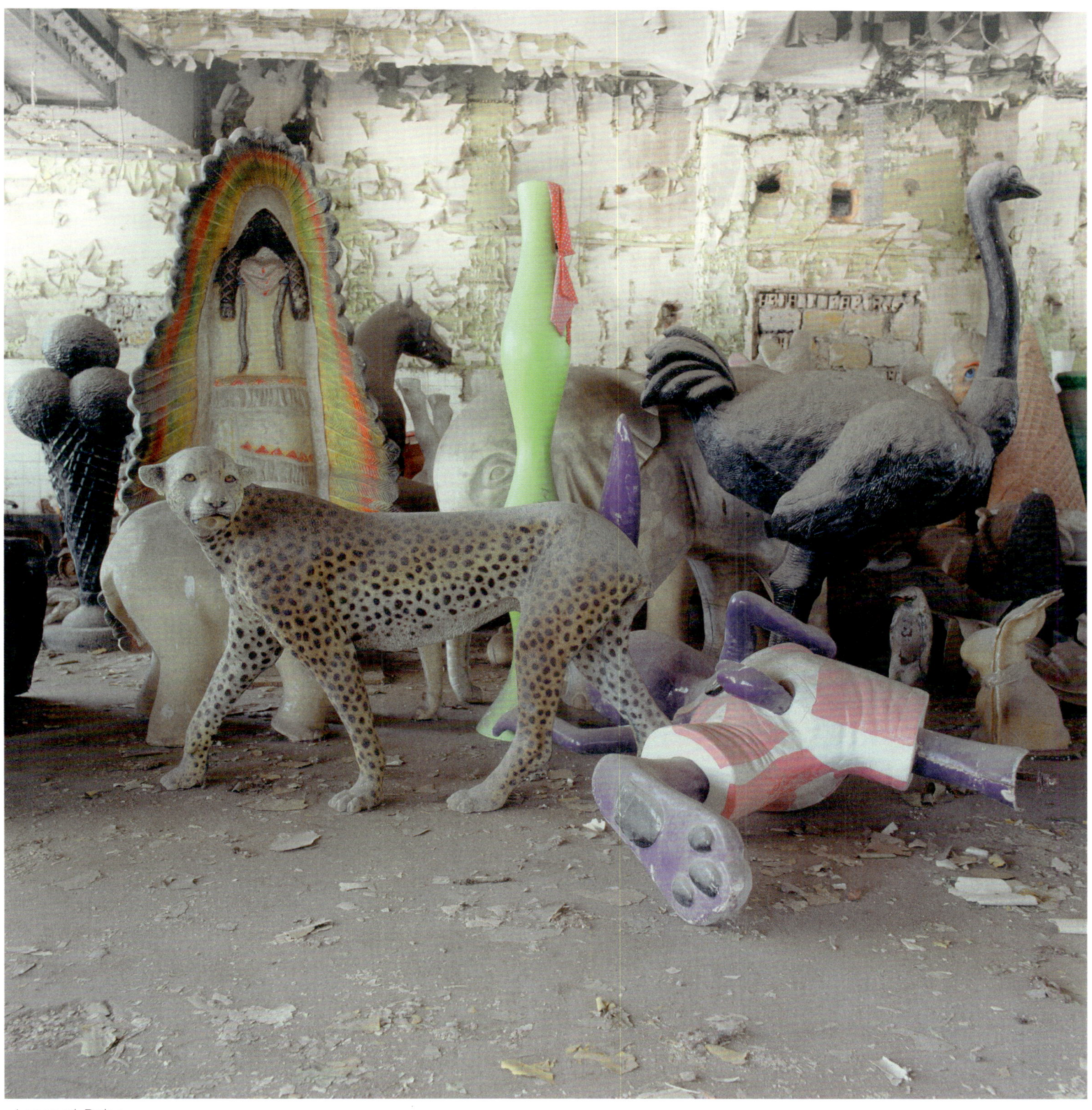

Leopard, Polen

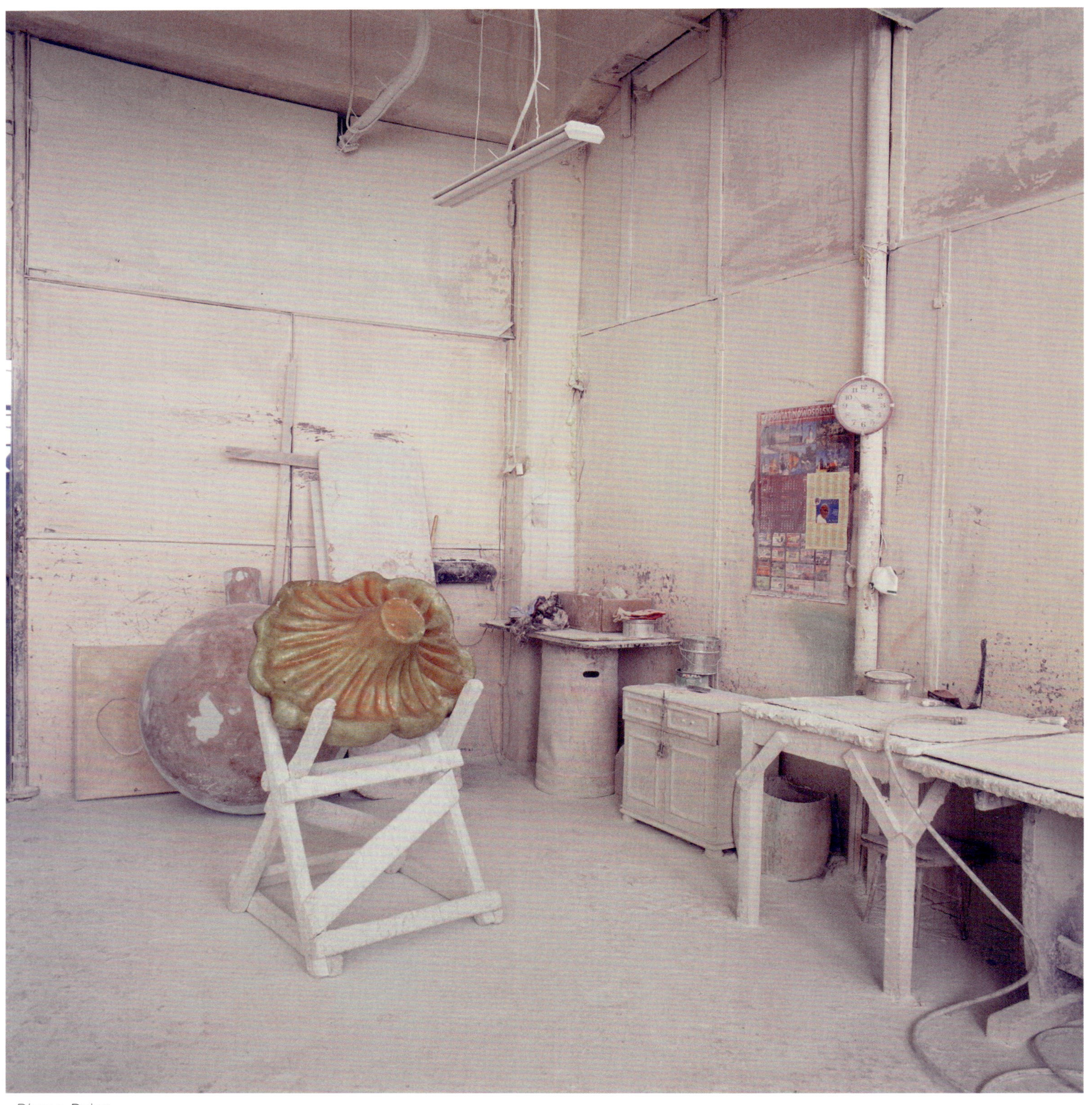

Blume, Polen

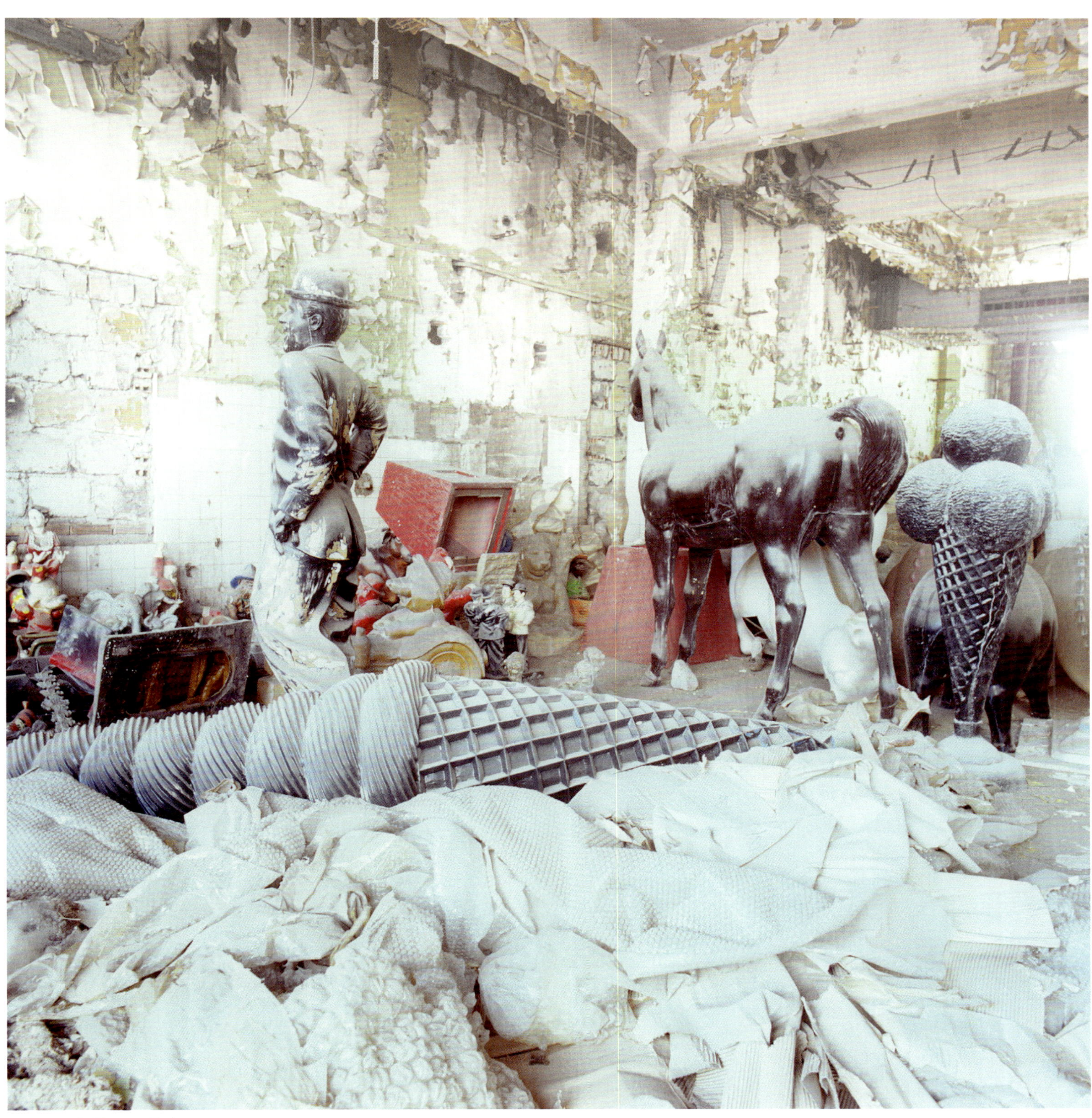

Mann mit Eistüte, Polen

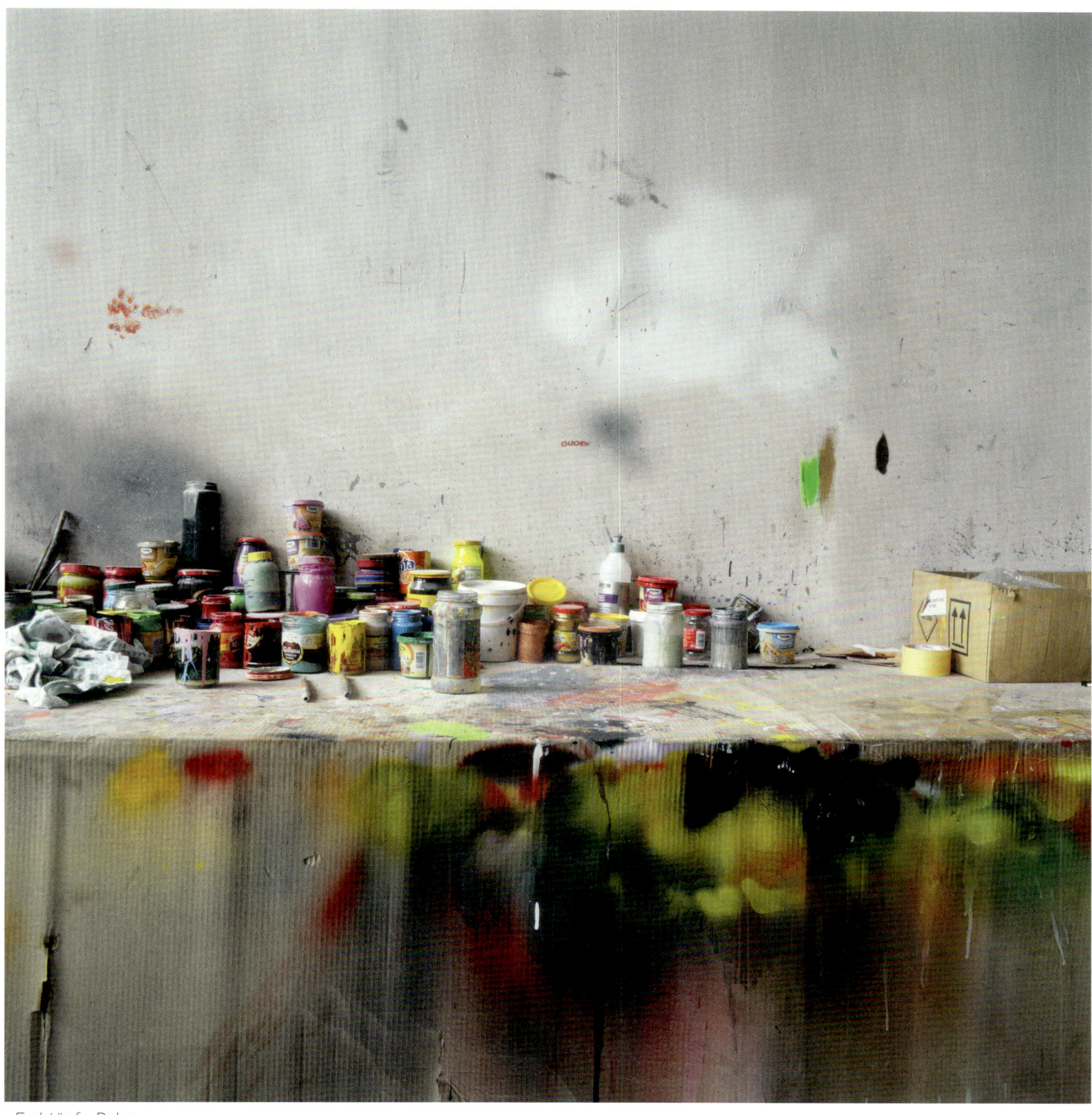

Farbtöpfe, Polen

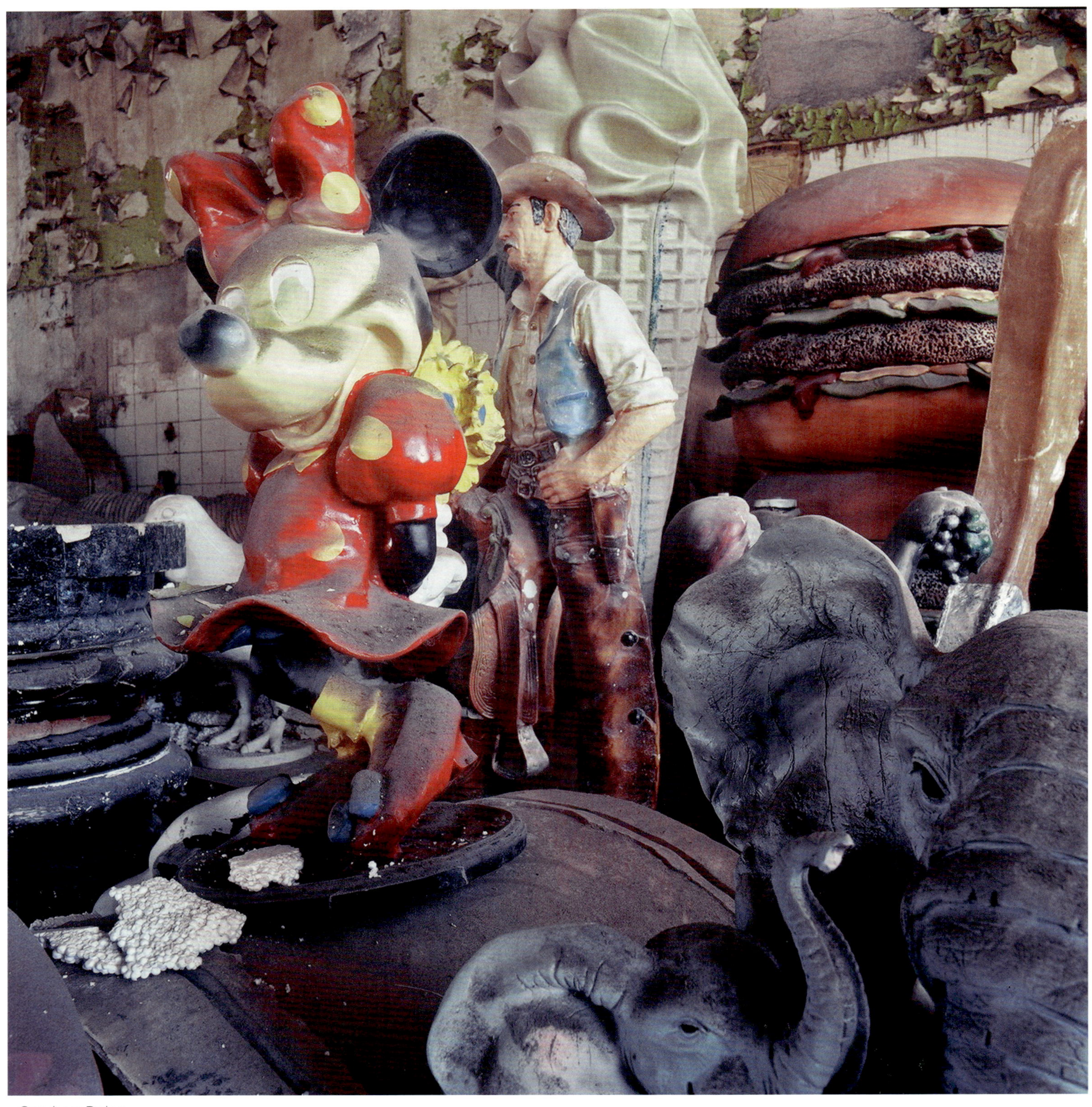

Cowboy, Polen

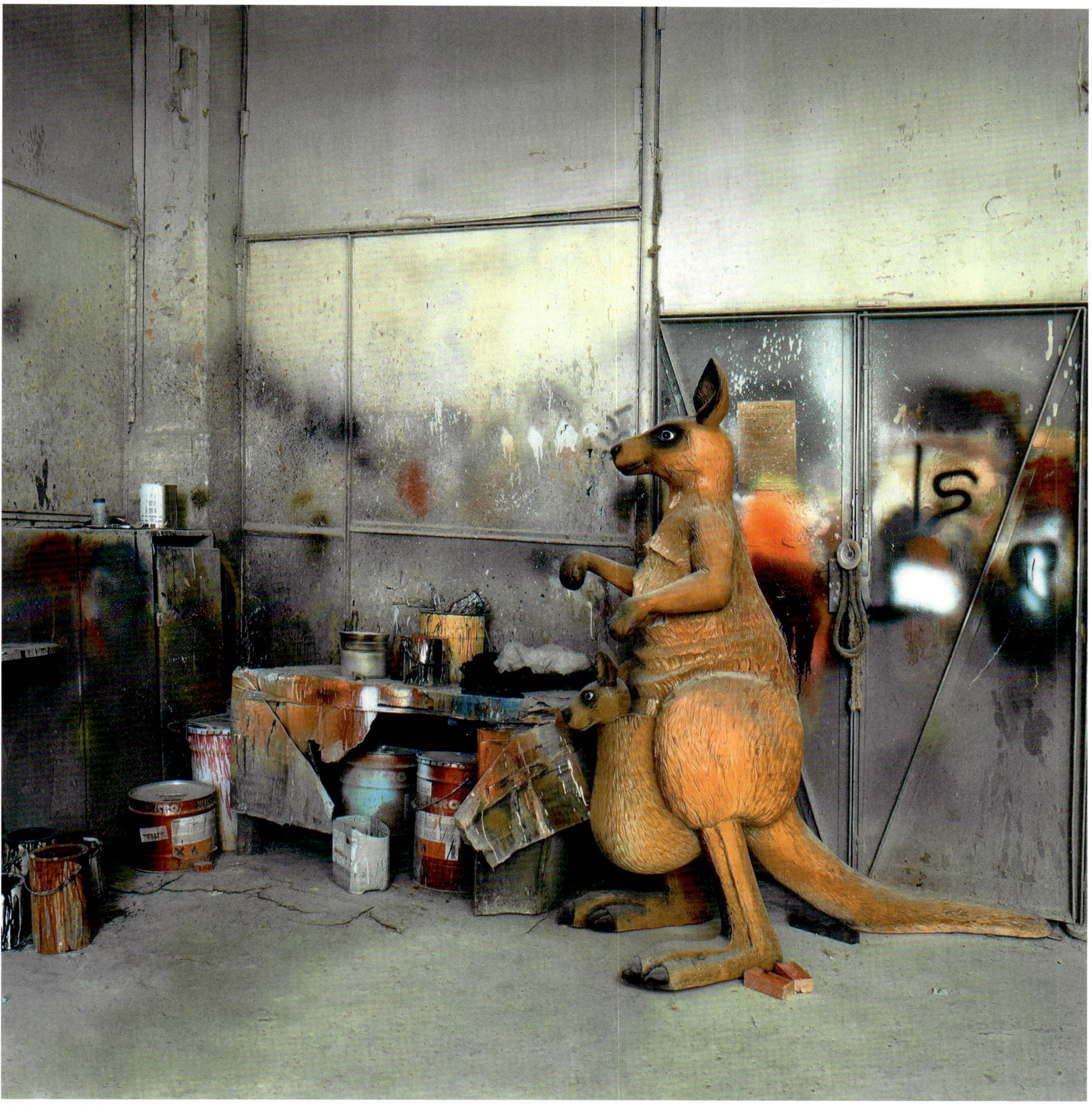

Känguru, Polen

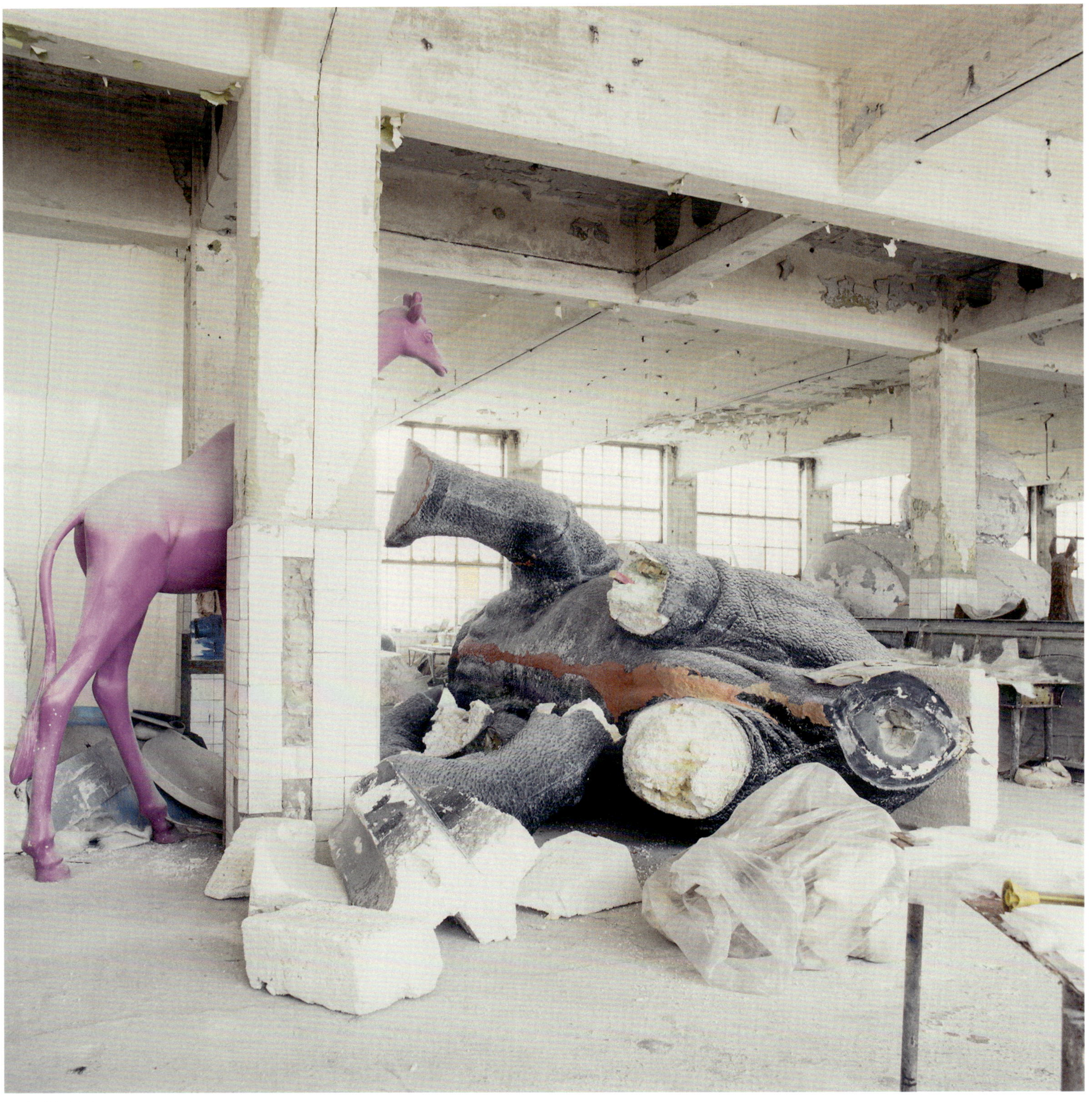

Giraffe, Polen

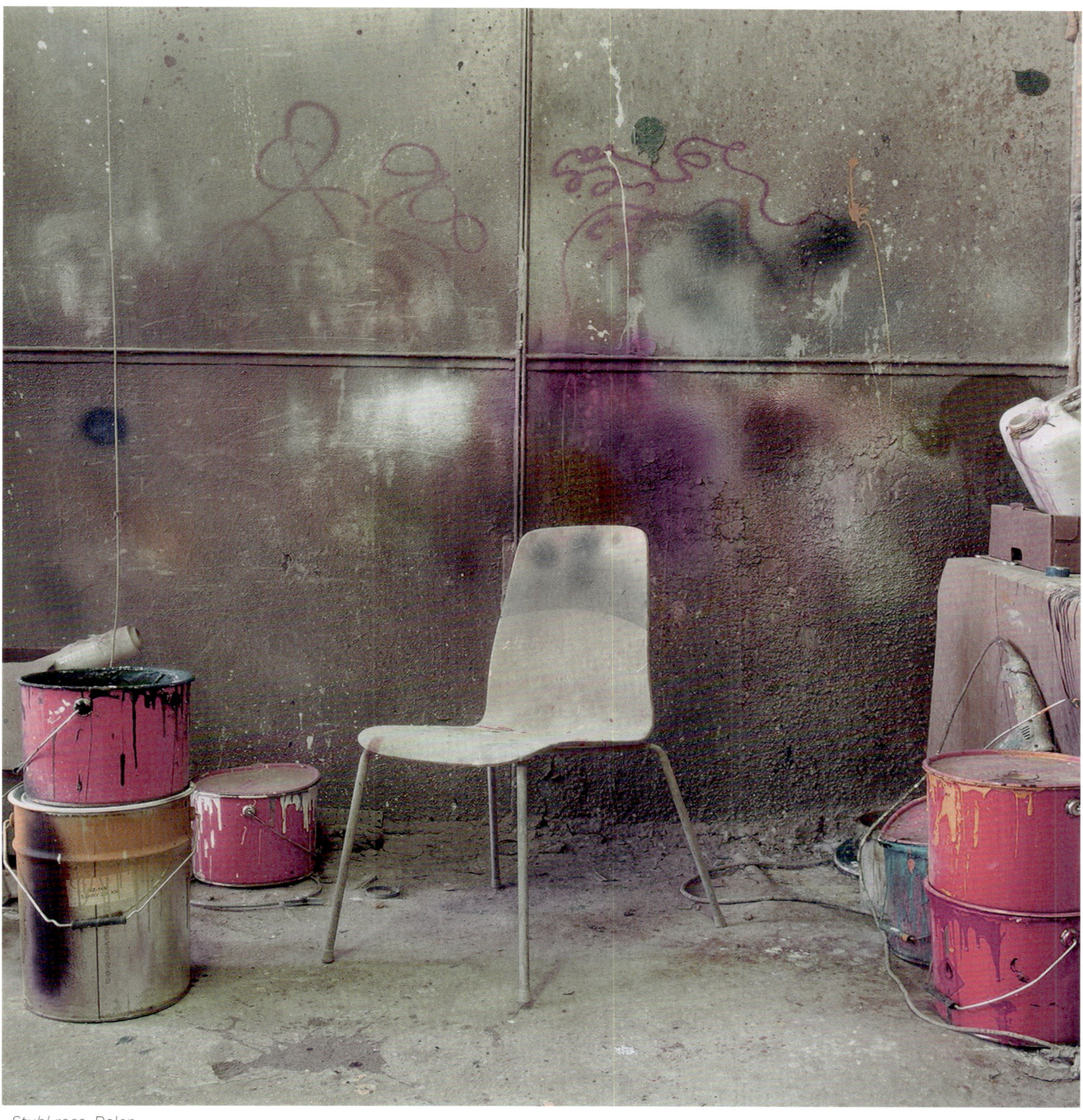

Stuhl rosa, Polen

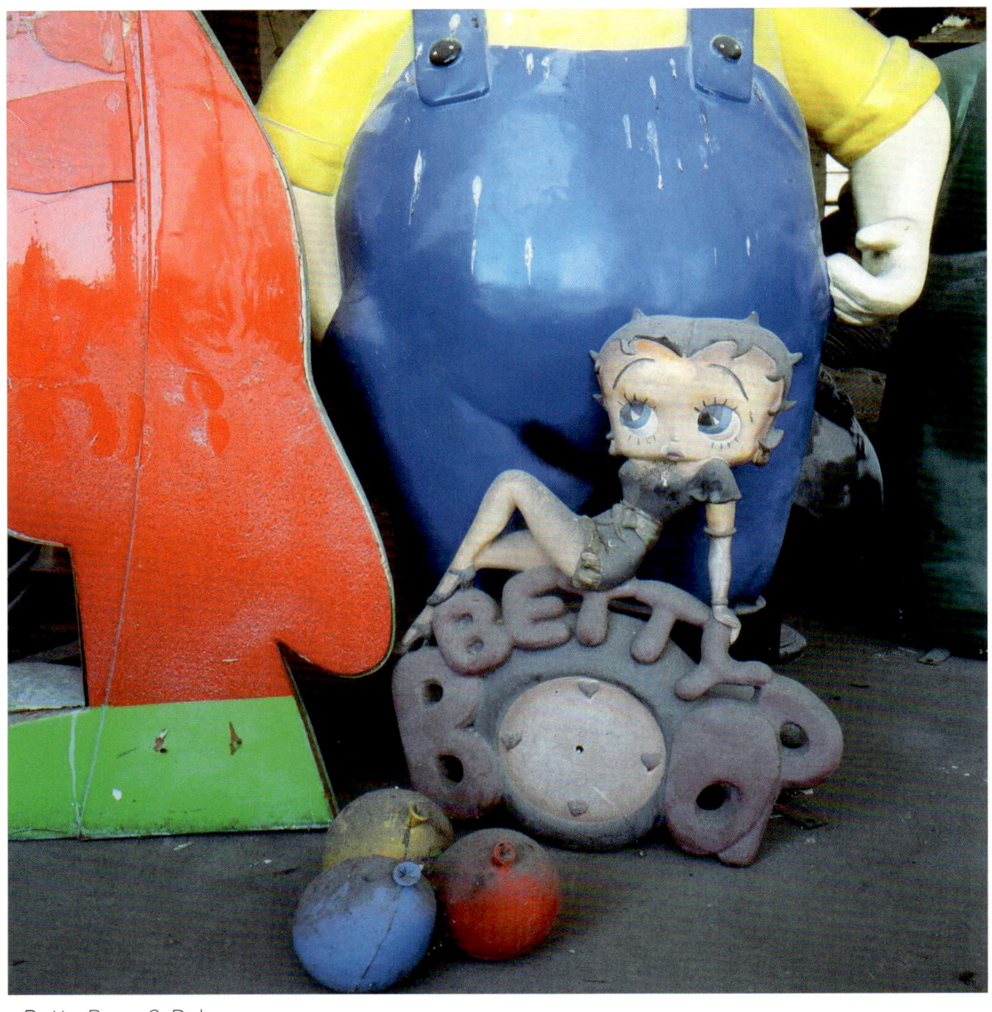

Betty Boop 2, Polen

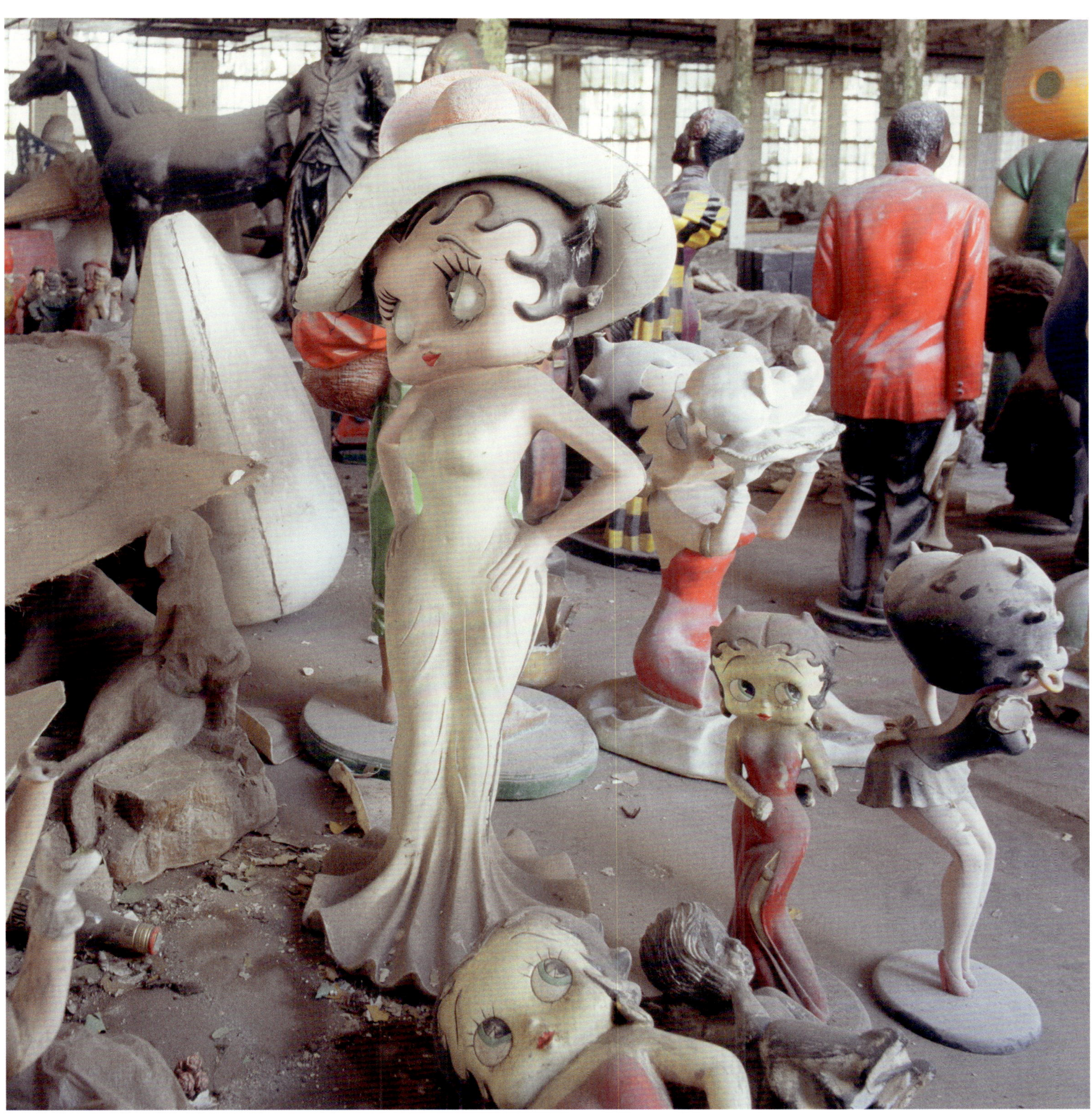

Betty Boop, Polen

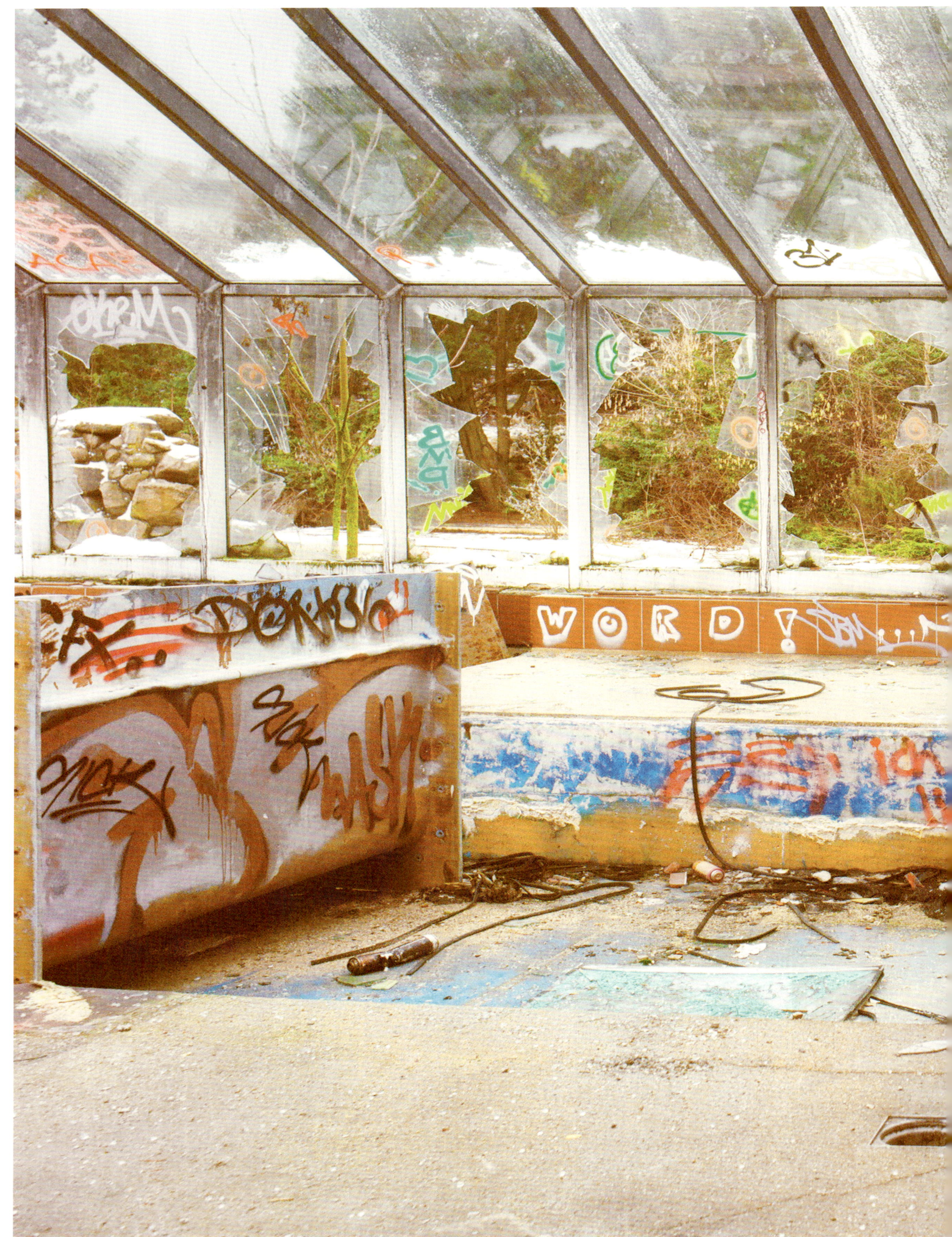

Ich liebe Dich, Blub Berlin

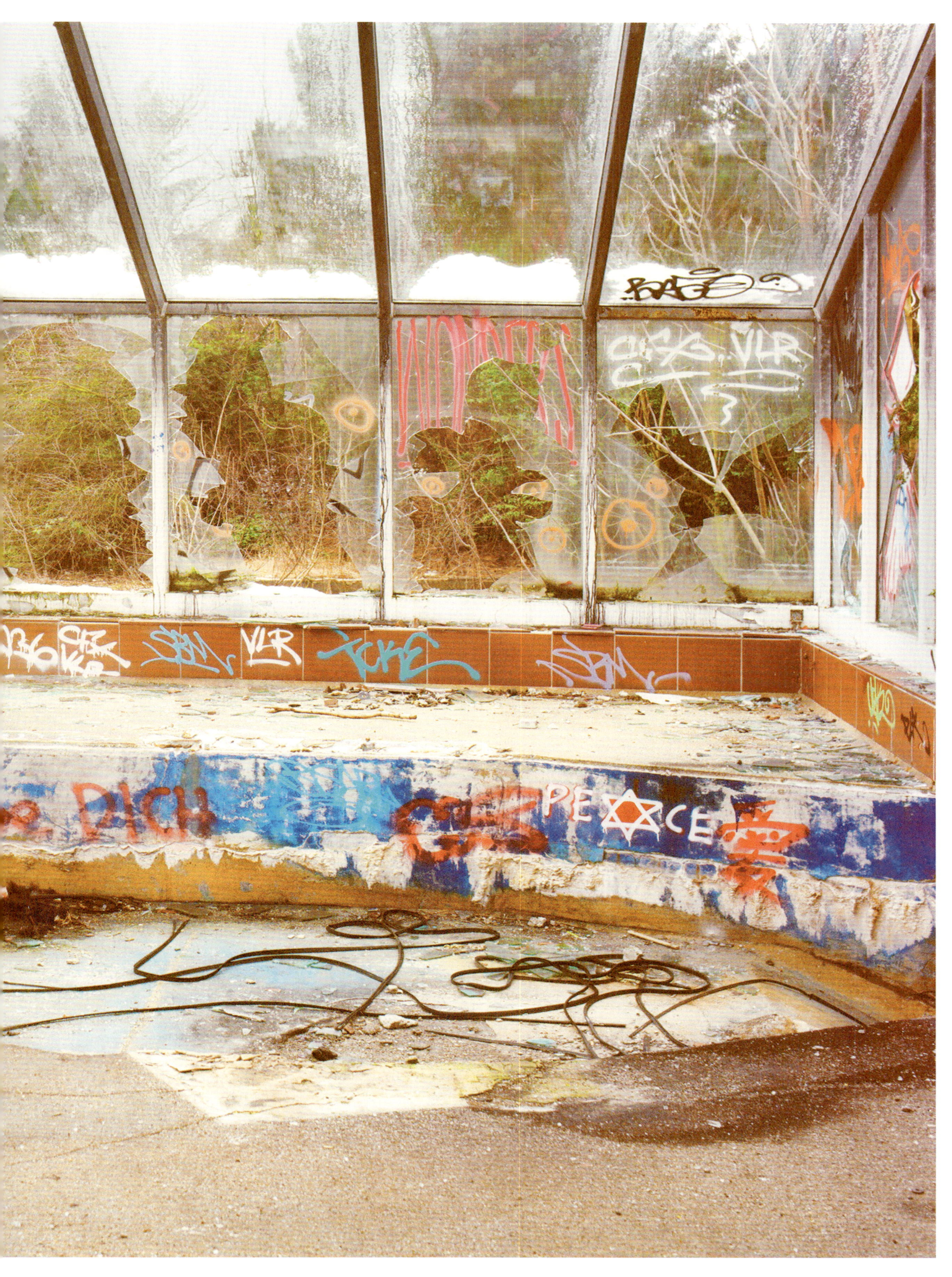
VLR
DICH

HE'S GONE

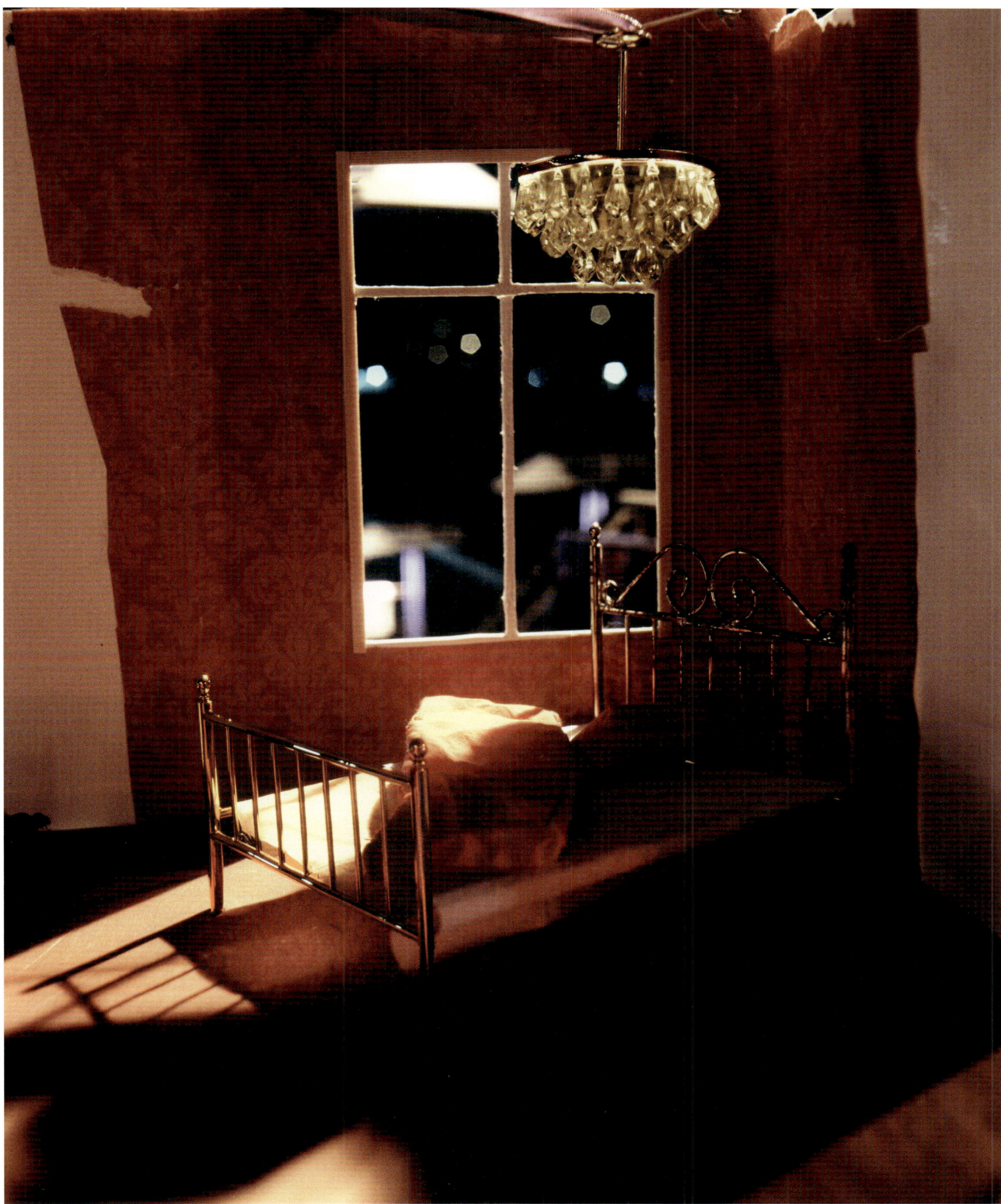

He's Gone, Modell

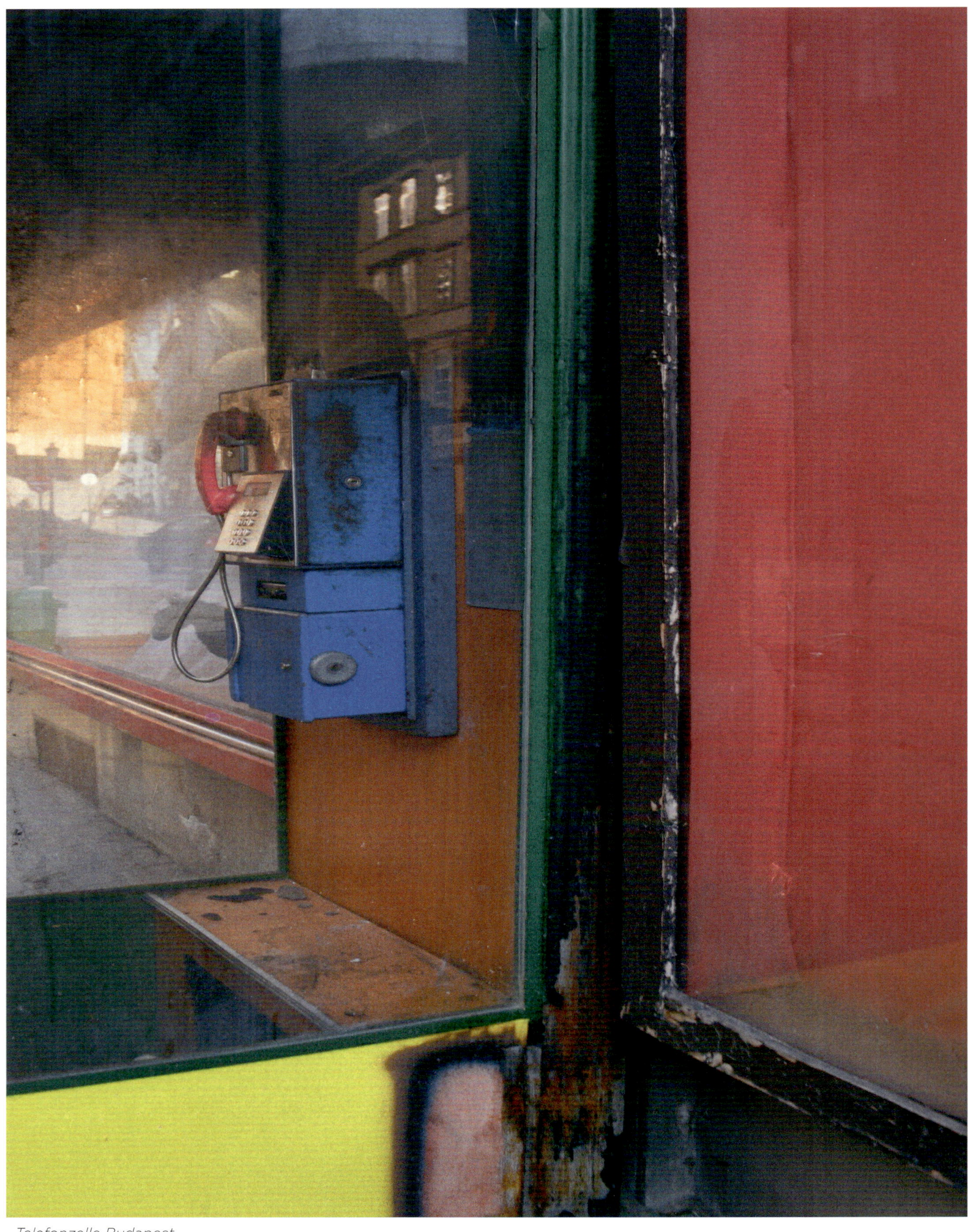

Telefonzelle Budapest

Bee, Piemont

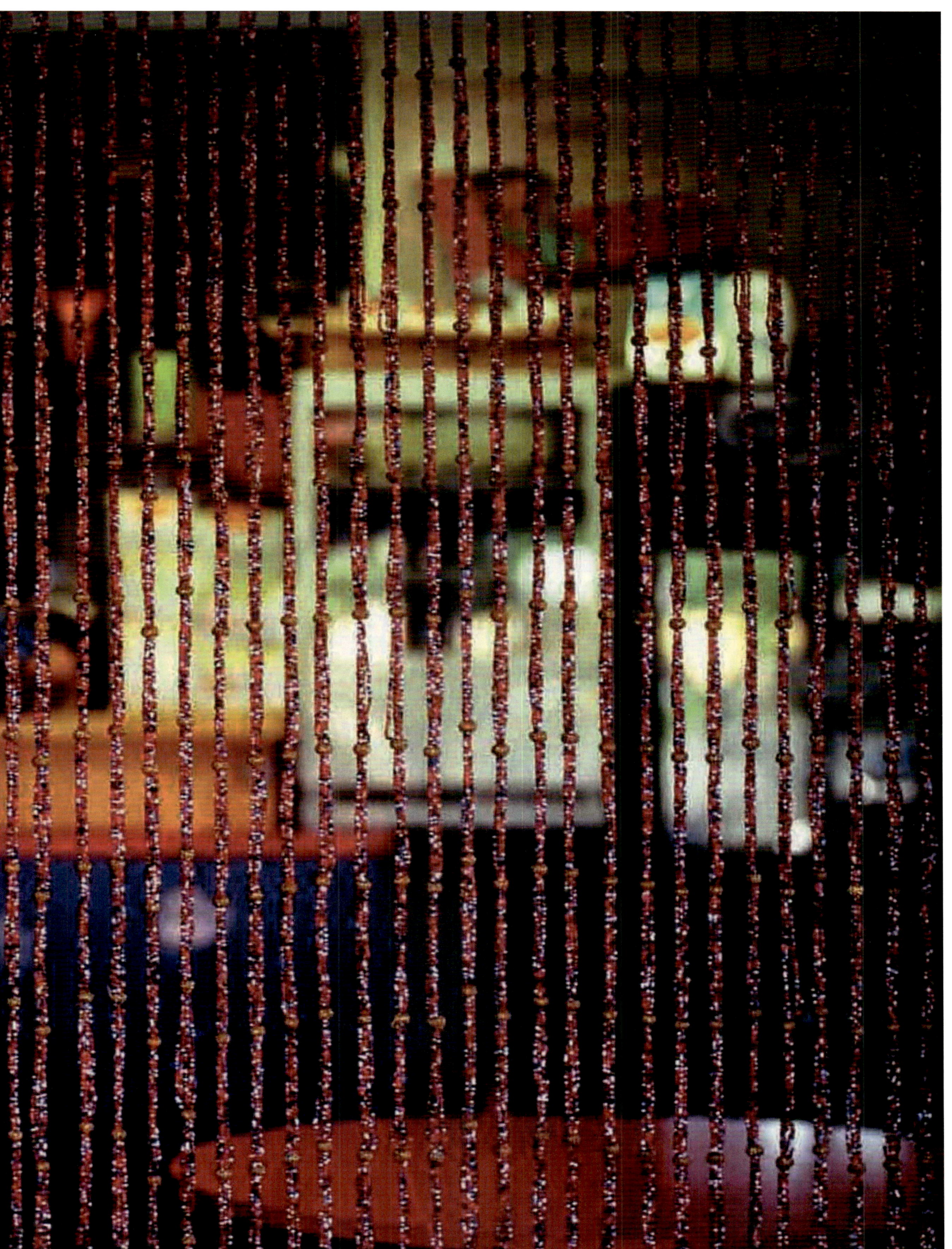

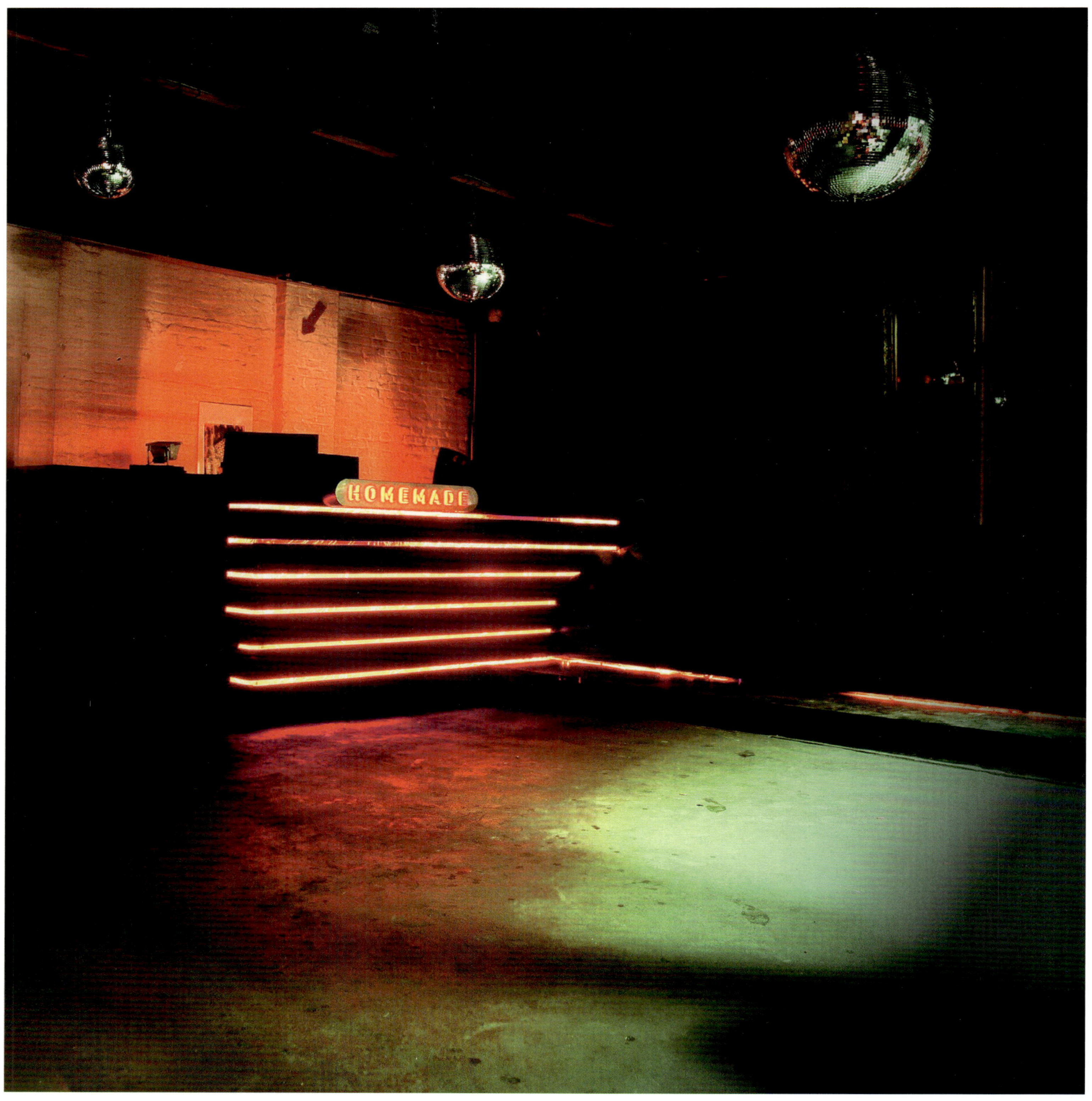

Homemade, Berlin

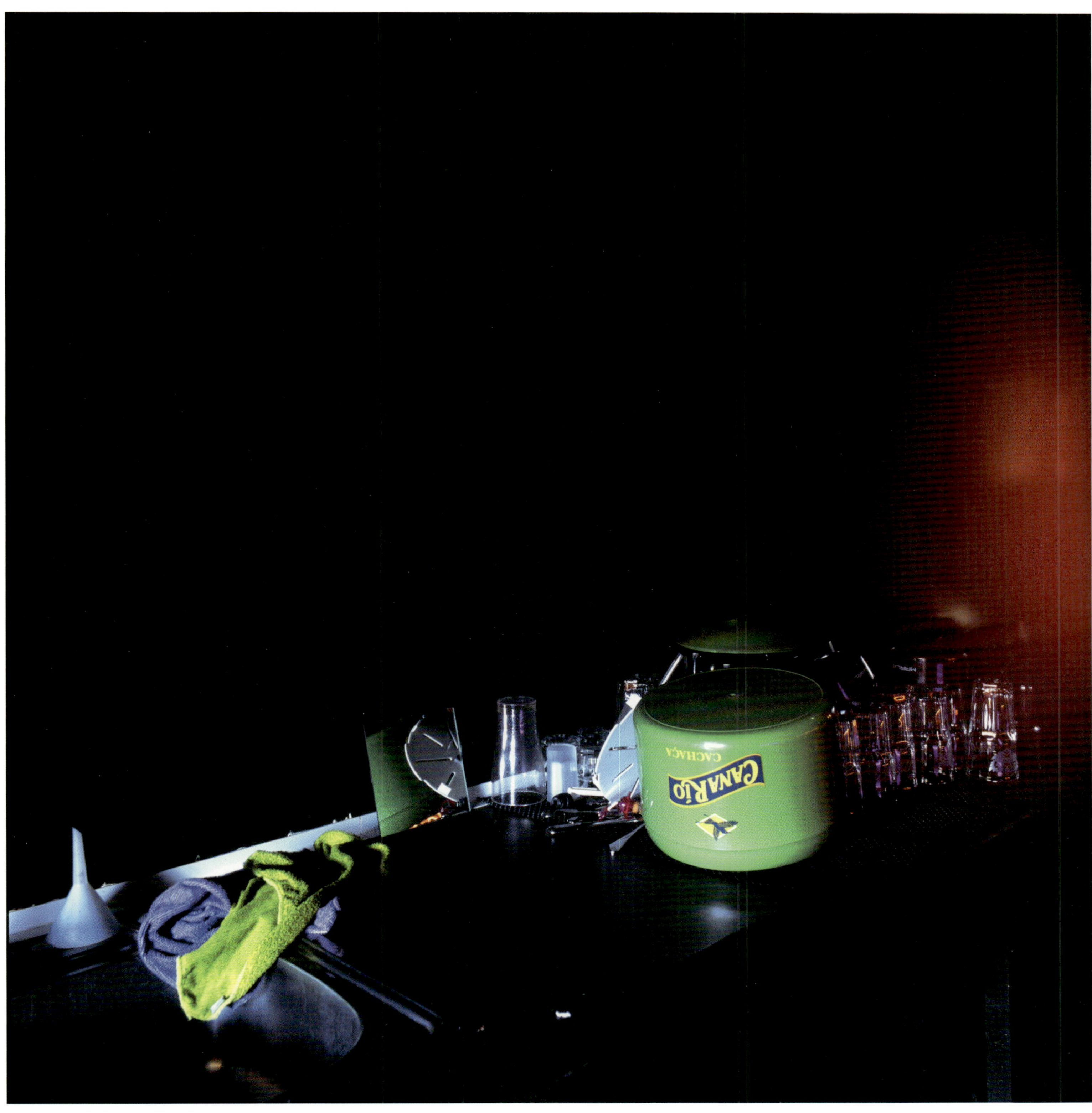

Ressort, Berlin

DEAF / TAUB

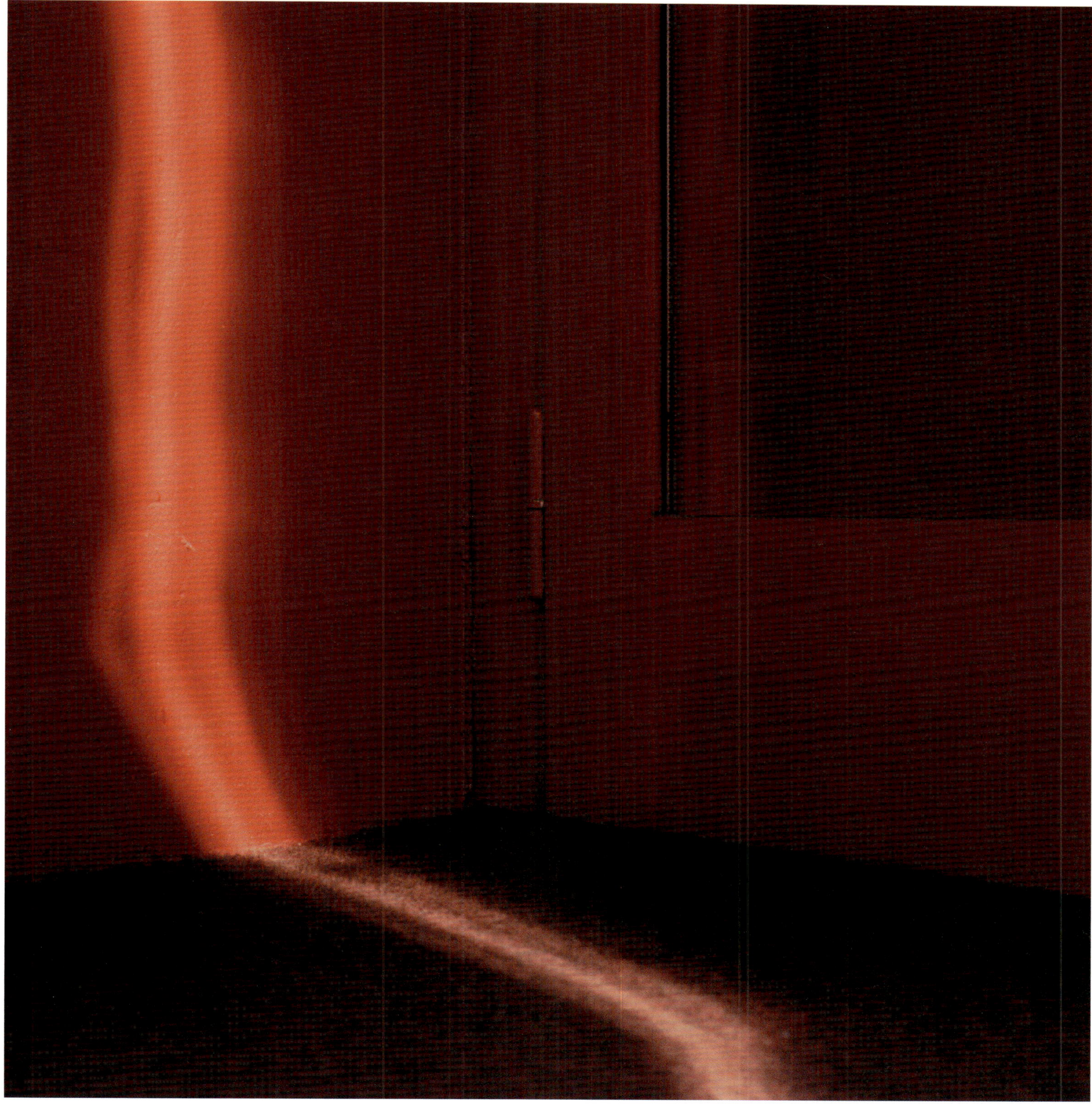

Potse, Berlin

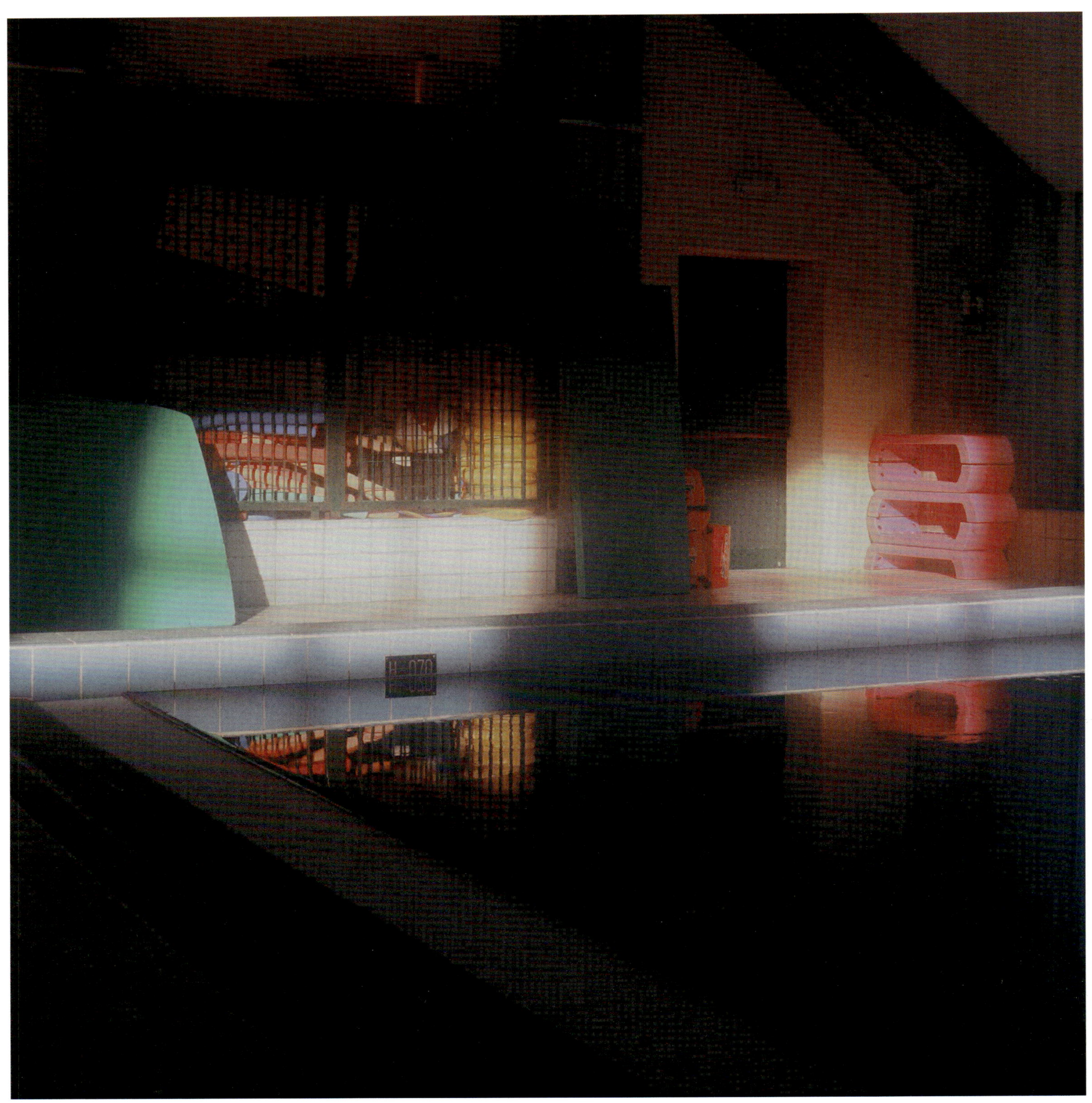

Piscina Communale, Verbania

Dominicusstraße, Berlin

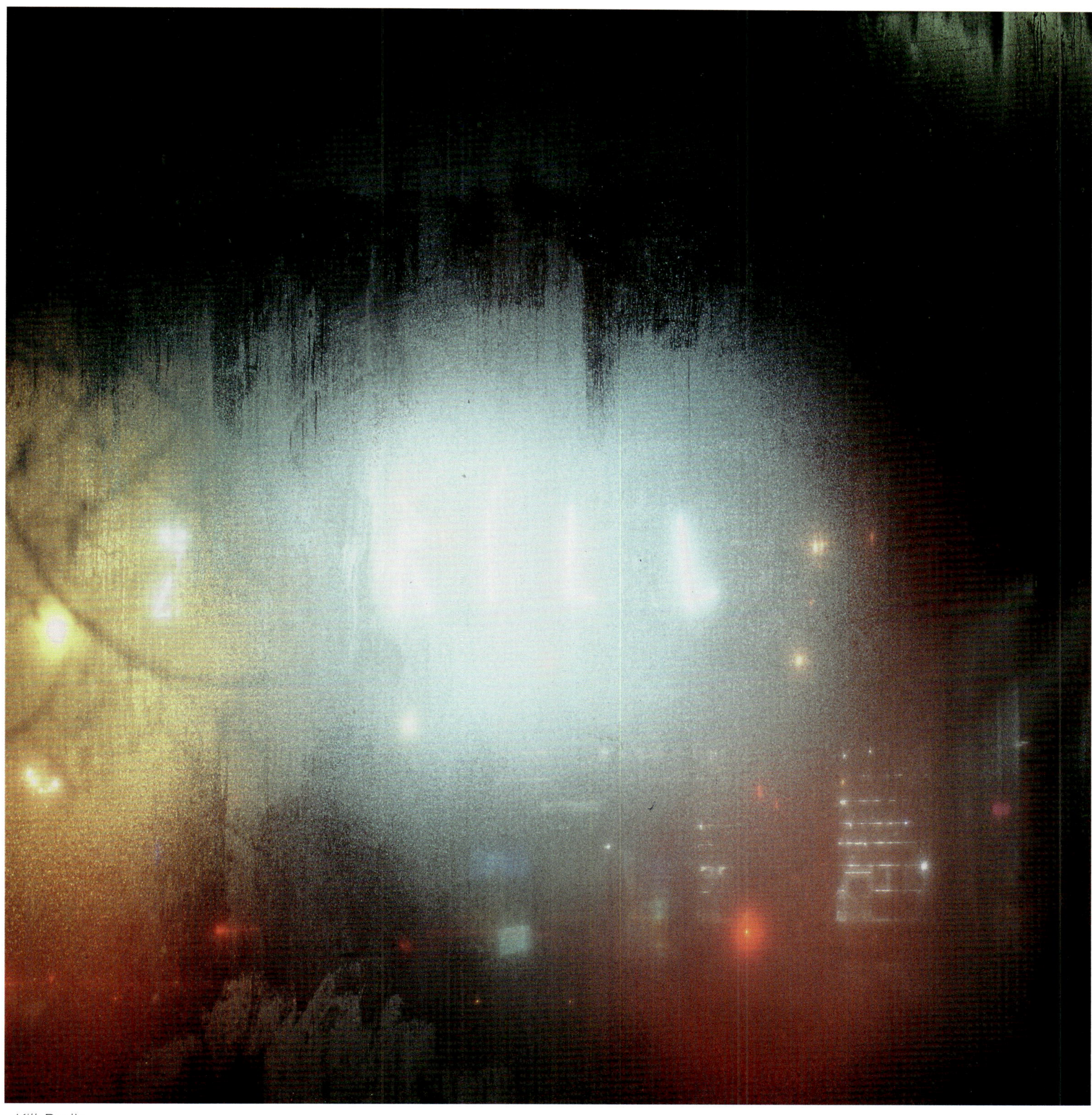

Kill, Berlin

Stutti, Berlin

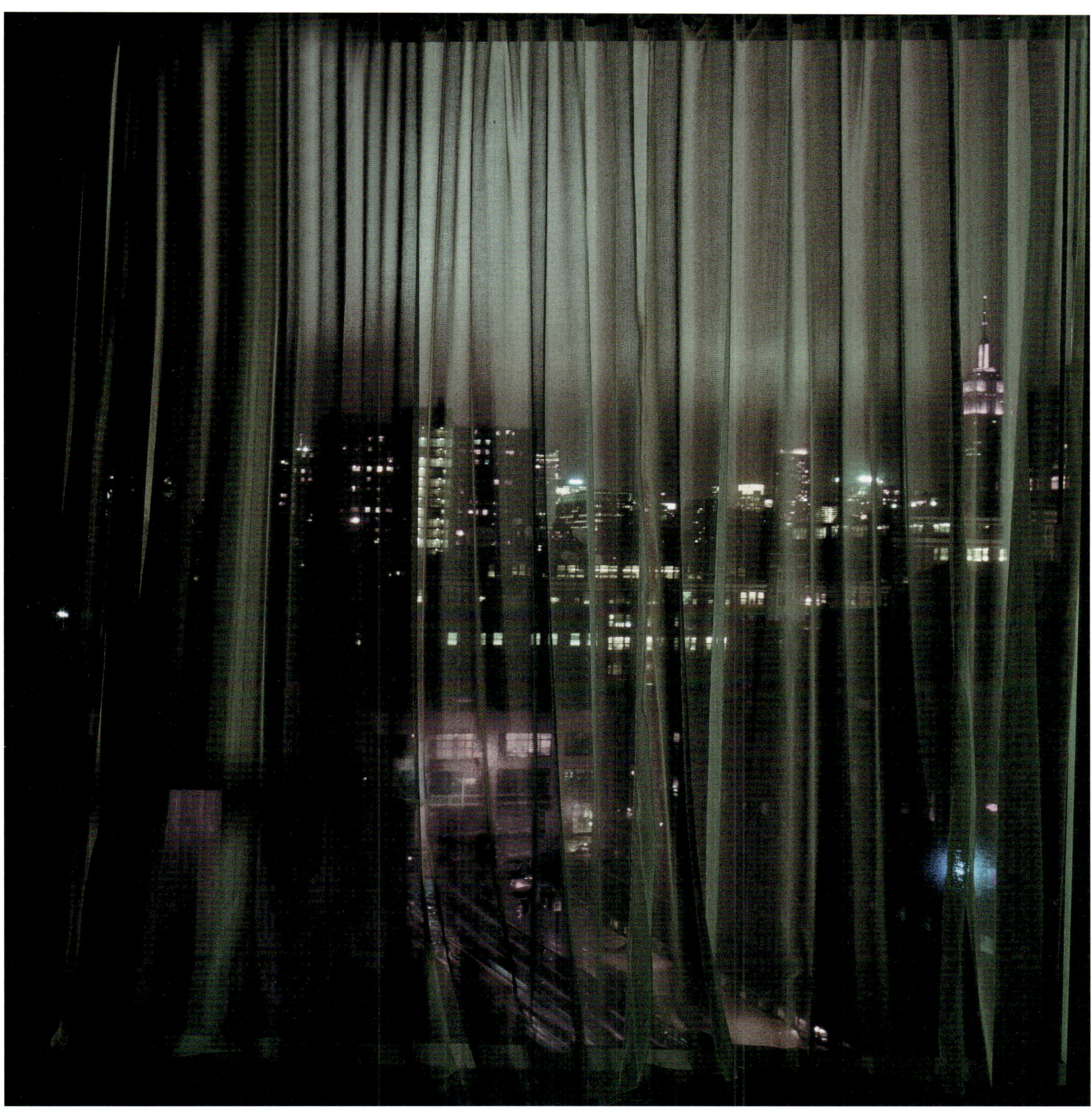

Standard, New York

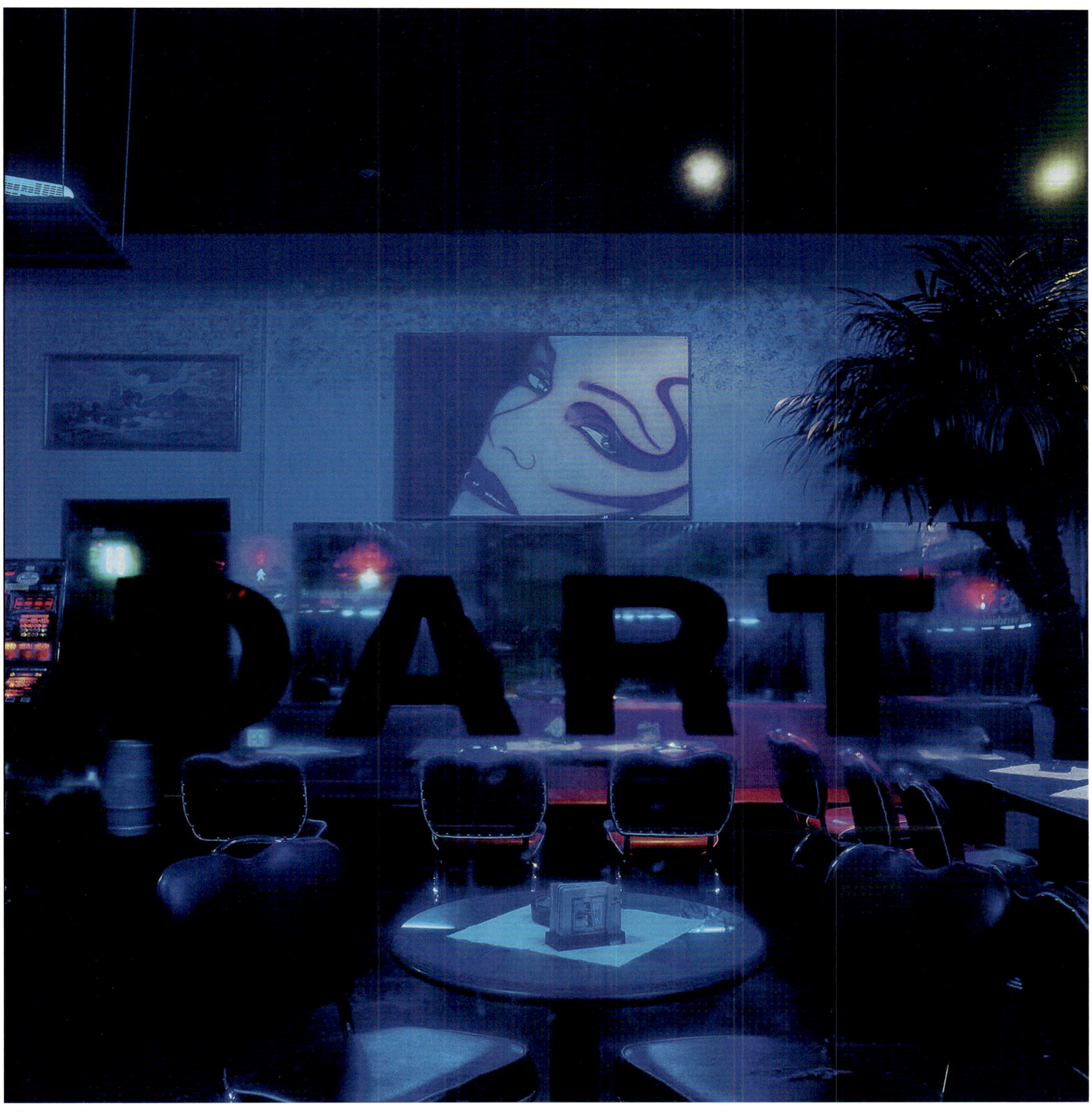

Dart, Berlin

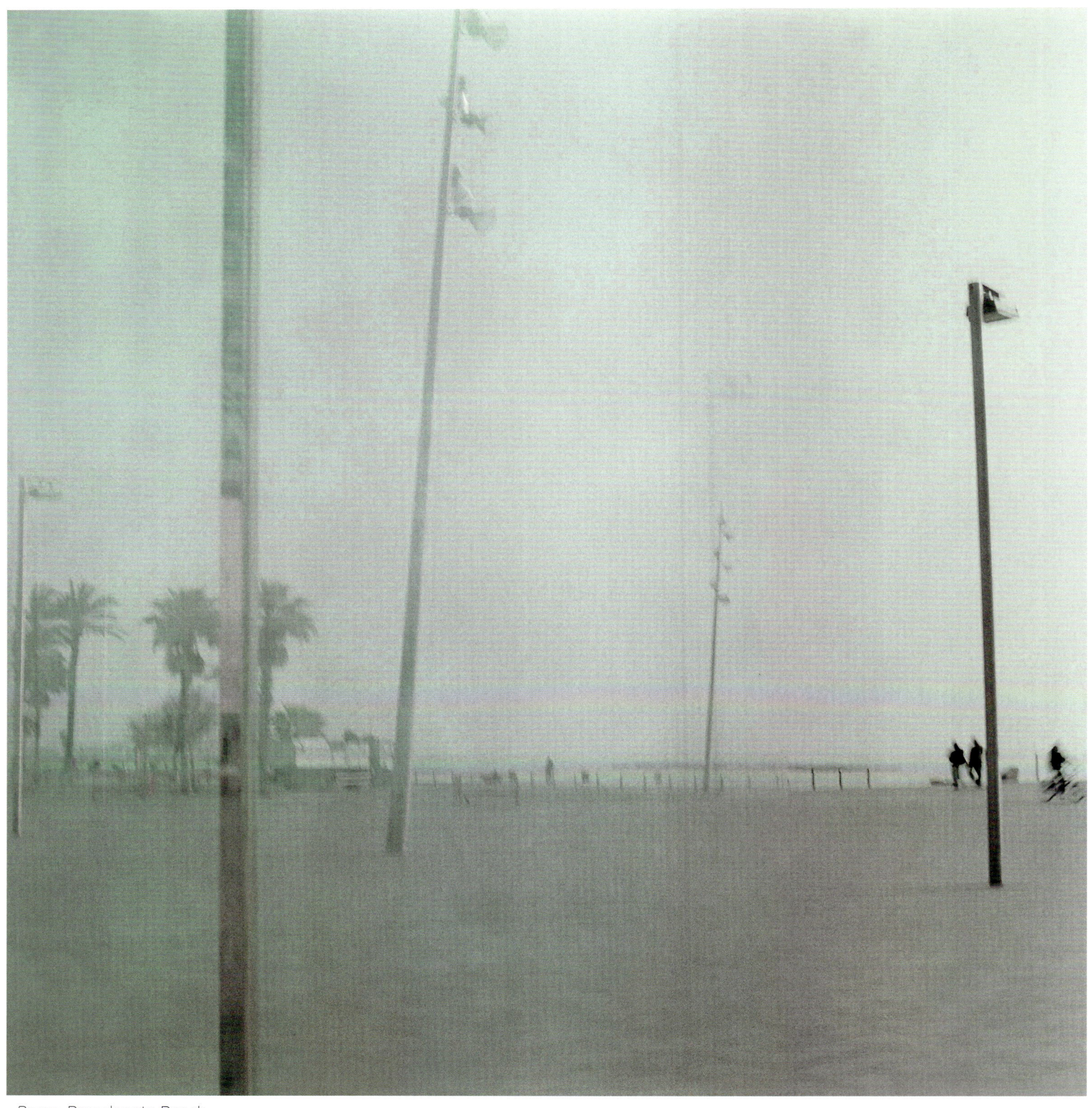

Barca, Barceloneta Beach

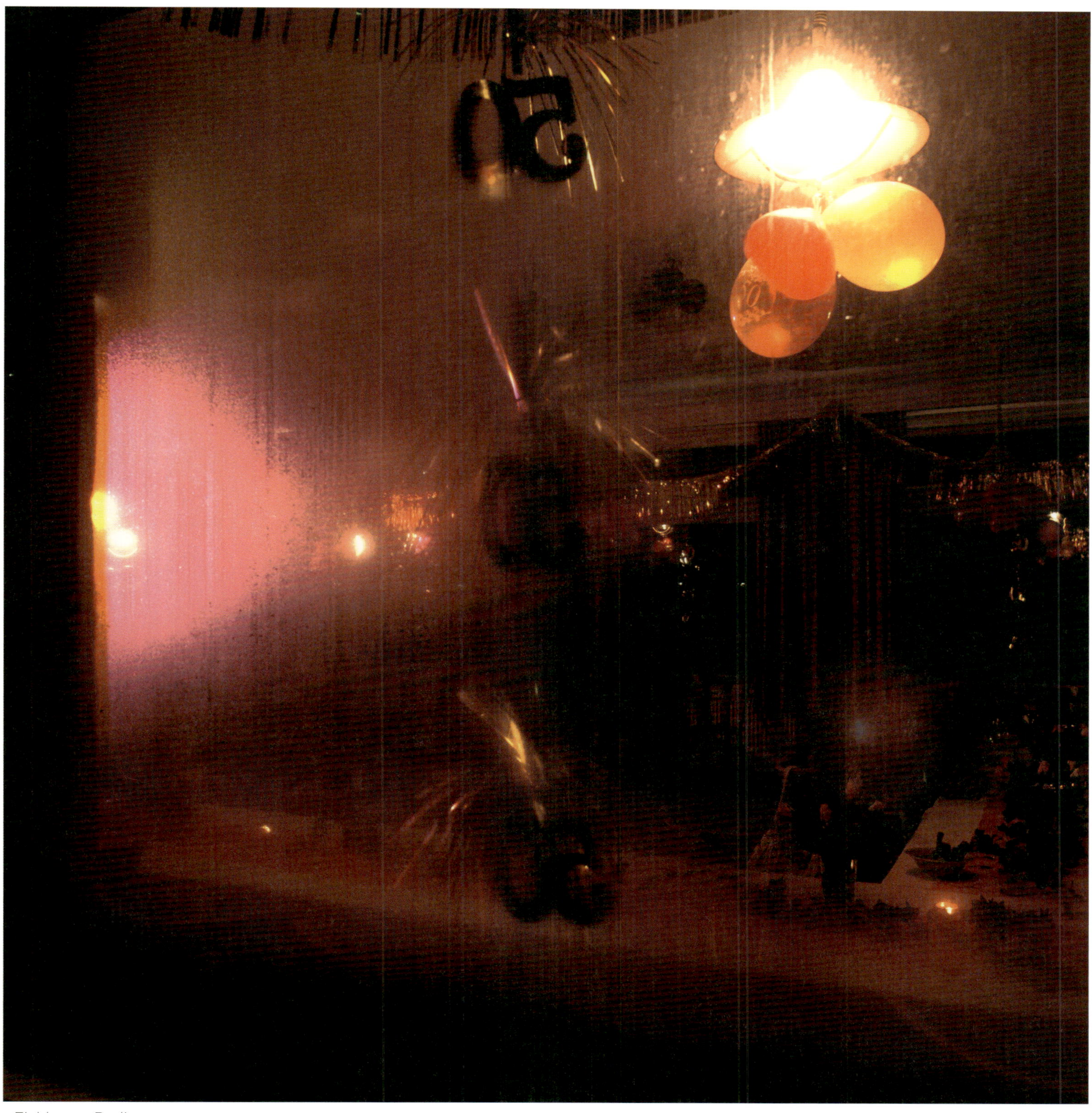

Eichkamp, Berlin

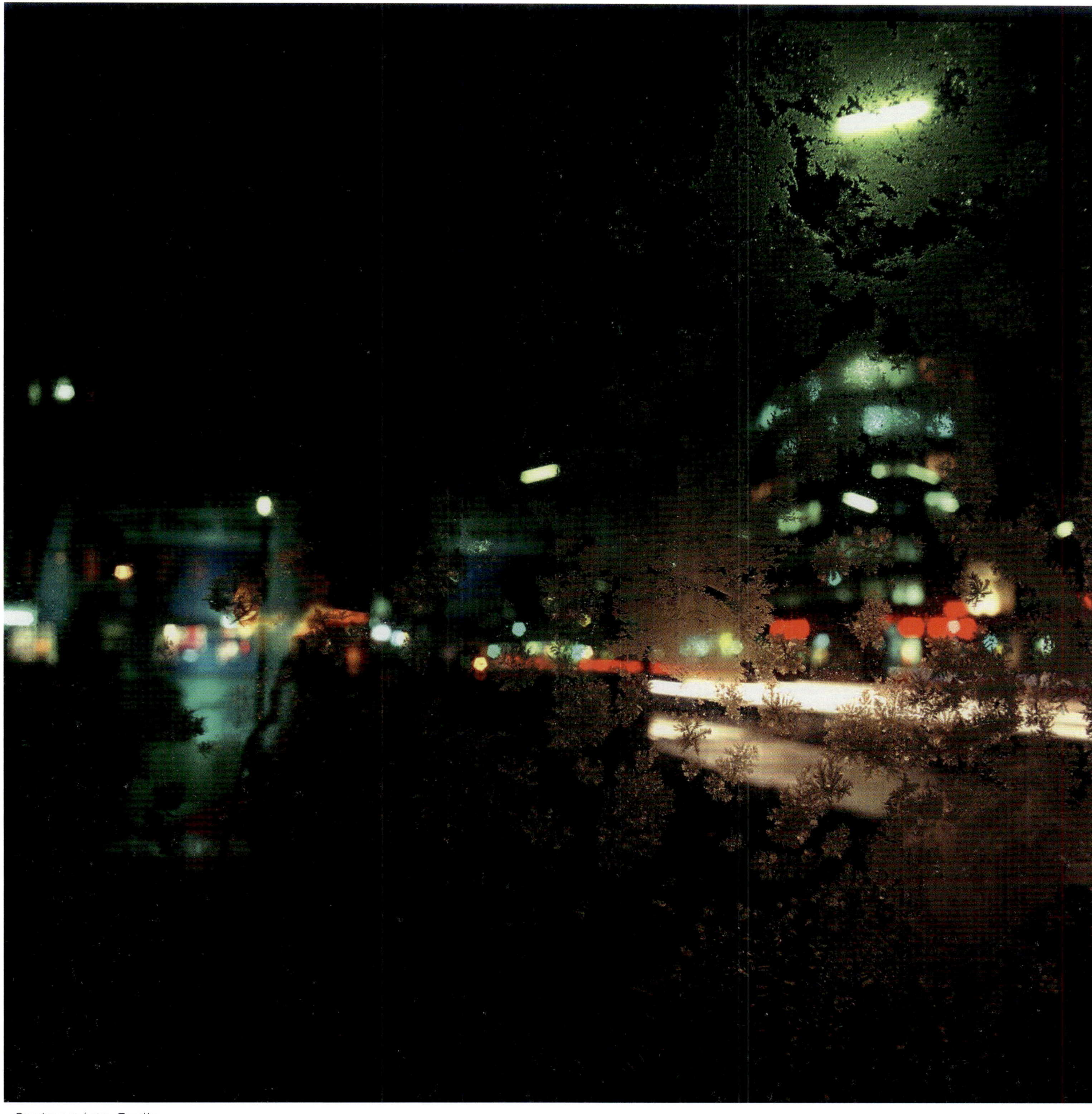

Savignyplatz, Berlin

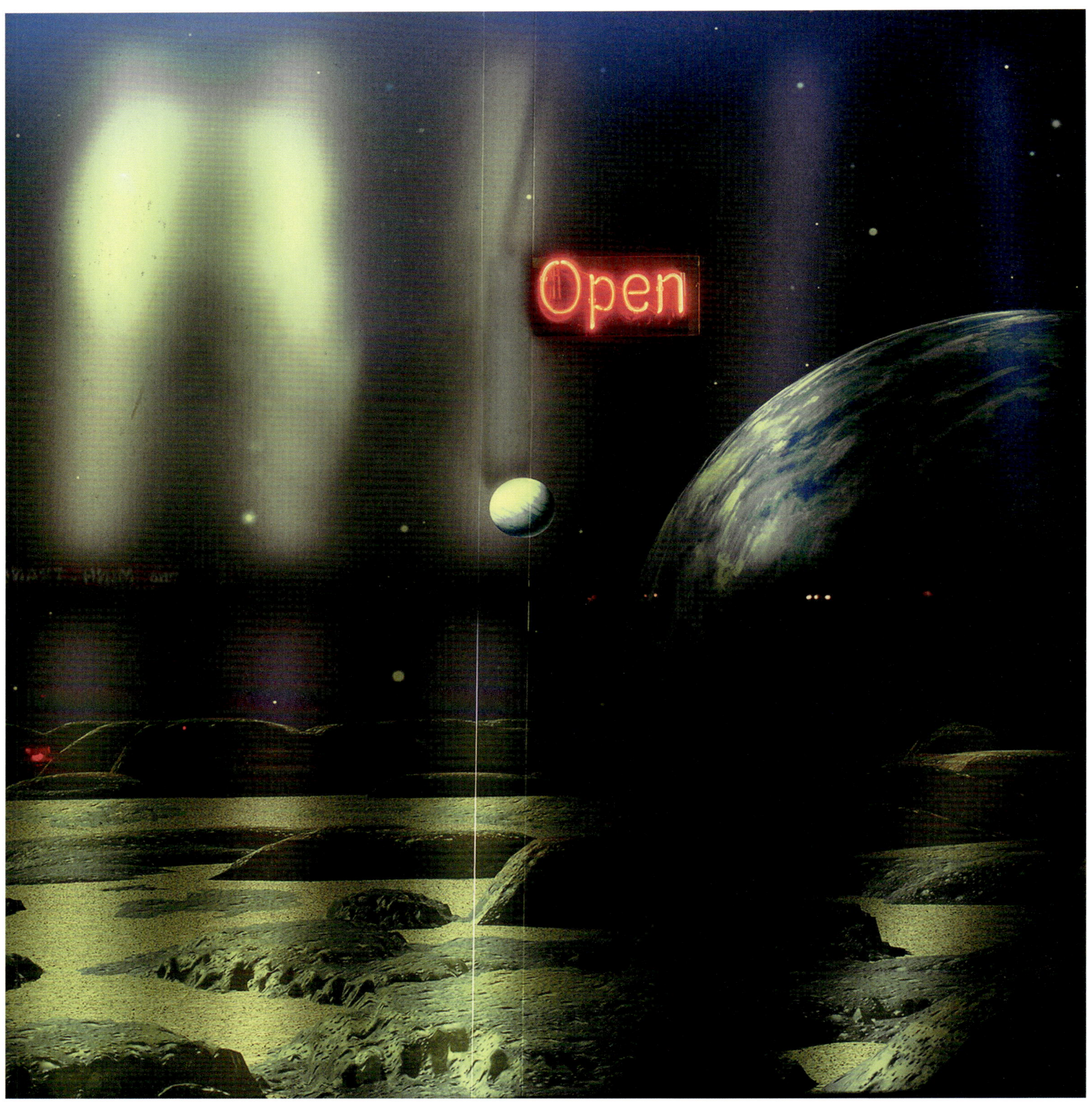

Open, Berlin

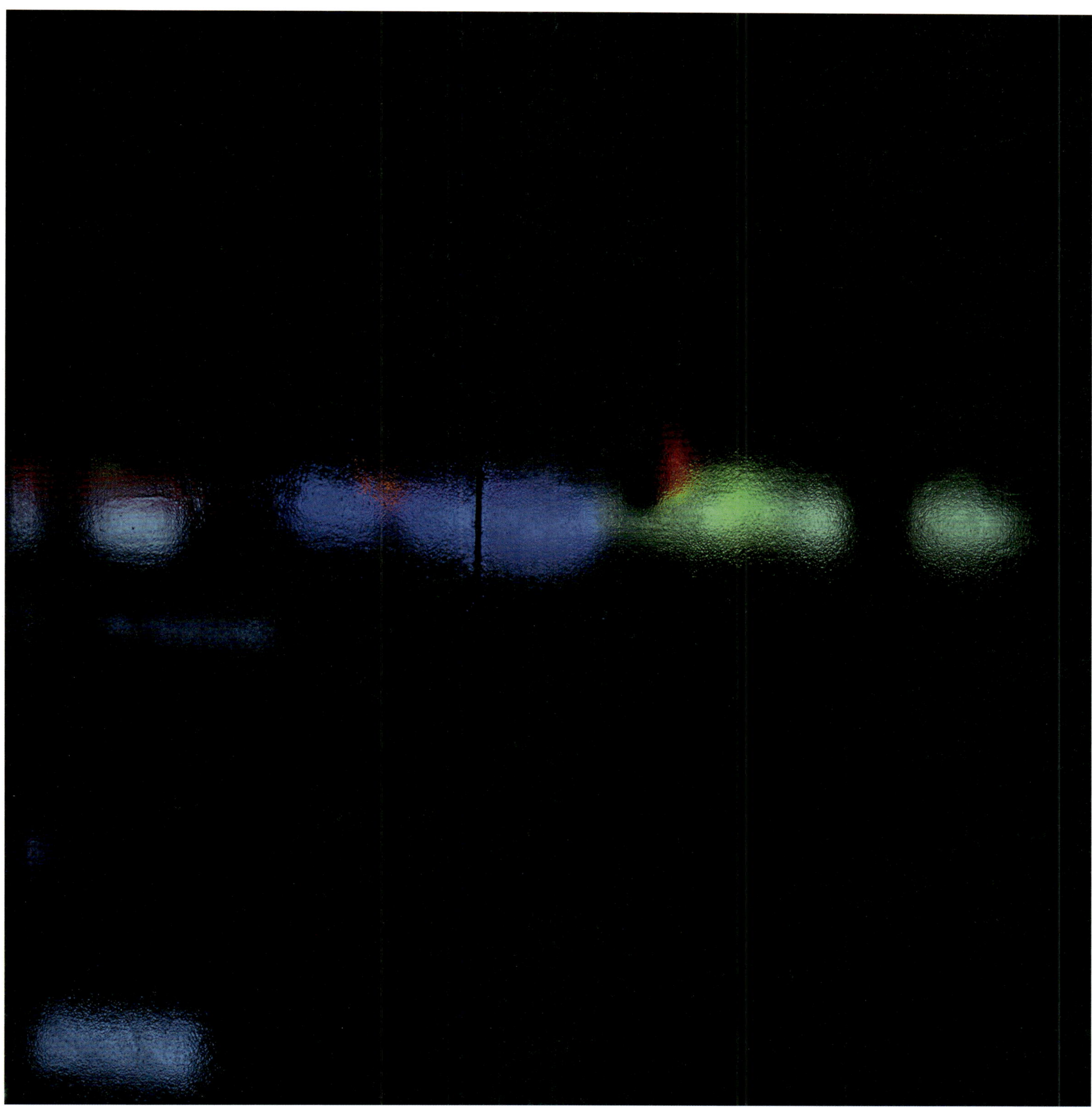

Kudamm, Berlin

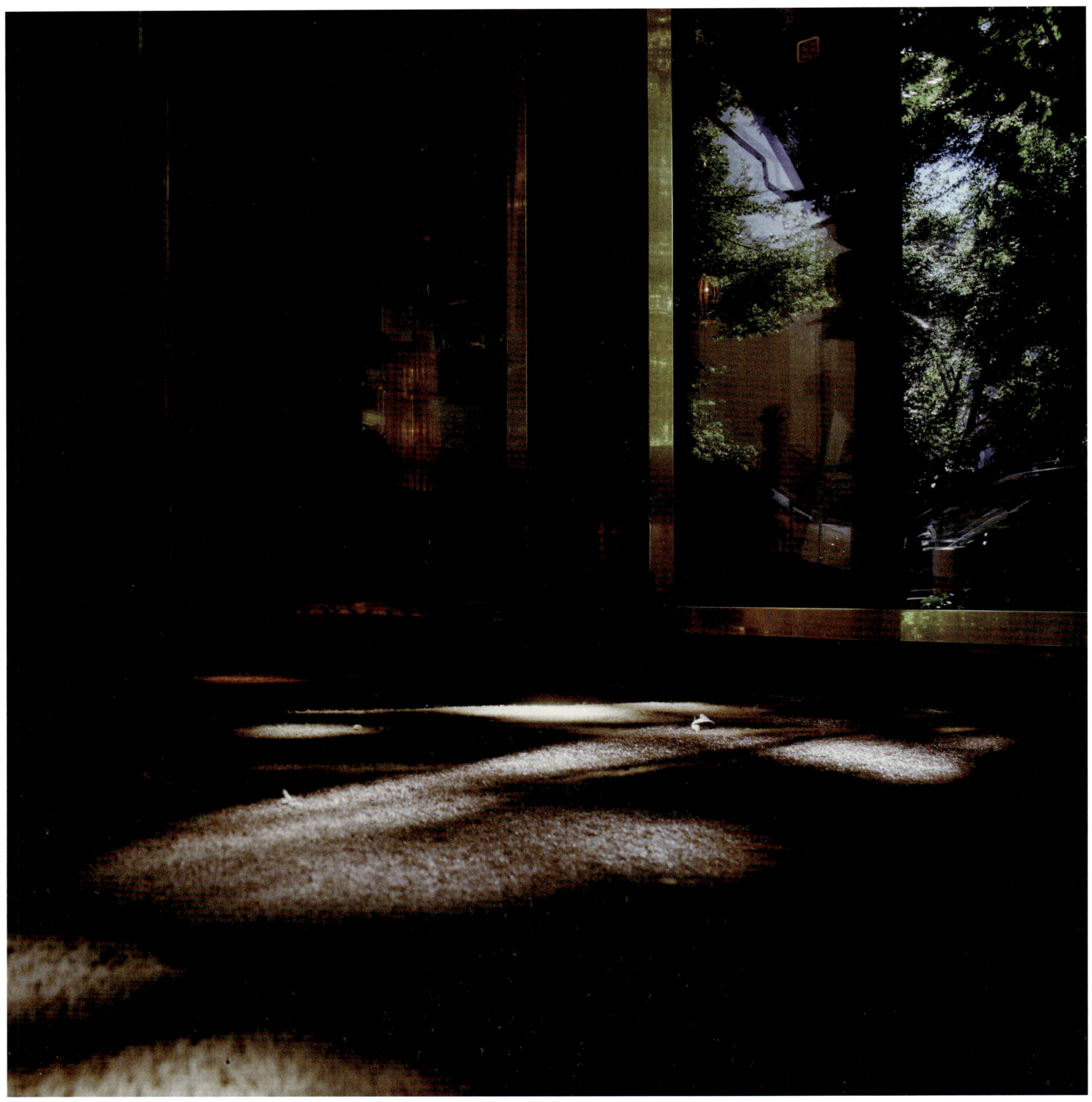

Hotel Savoy, Berlin

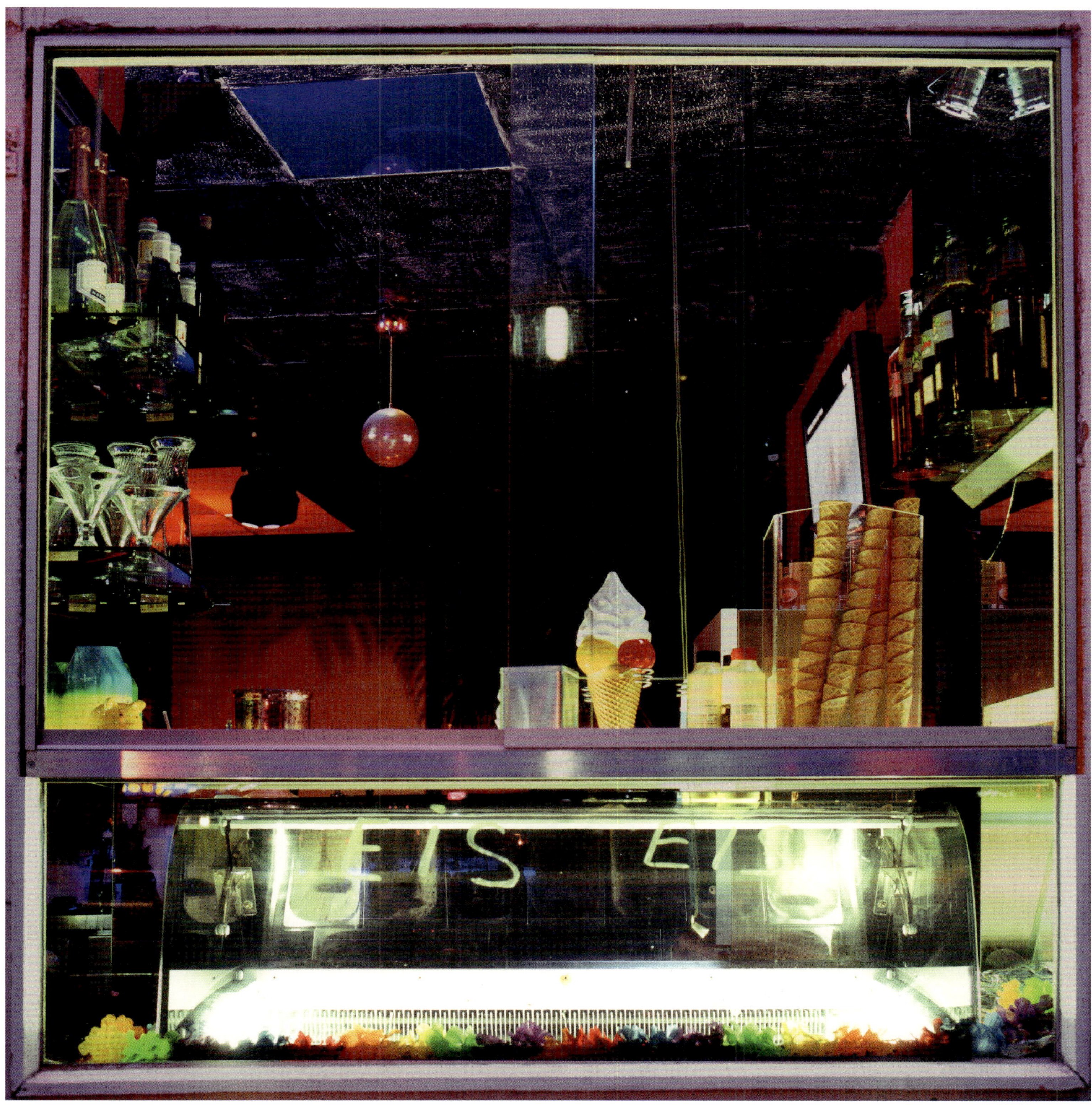

Eisladen, Berlin

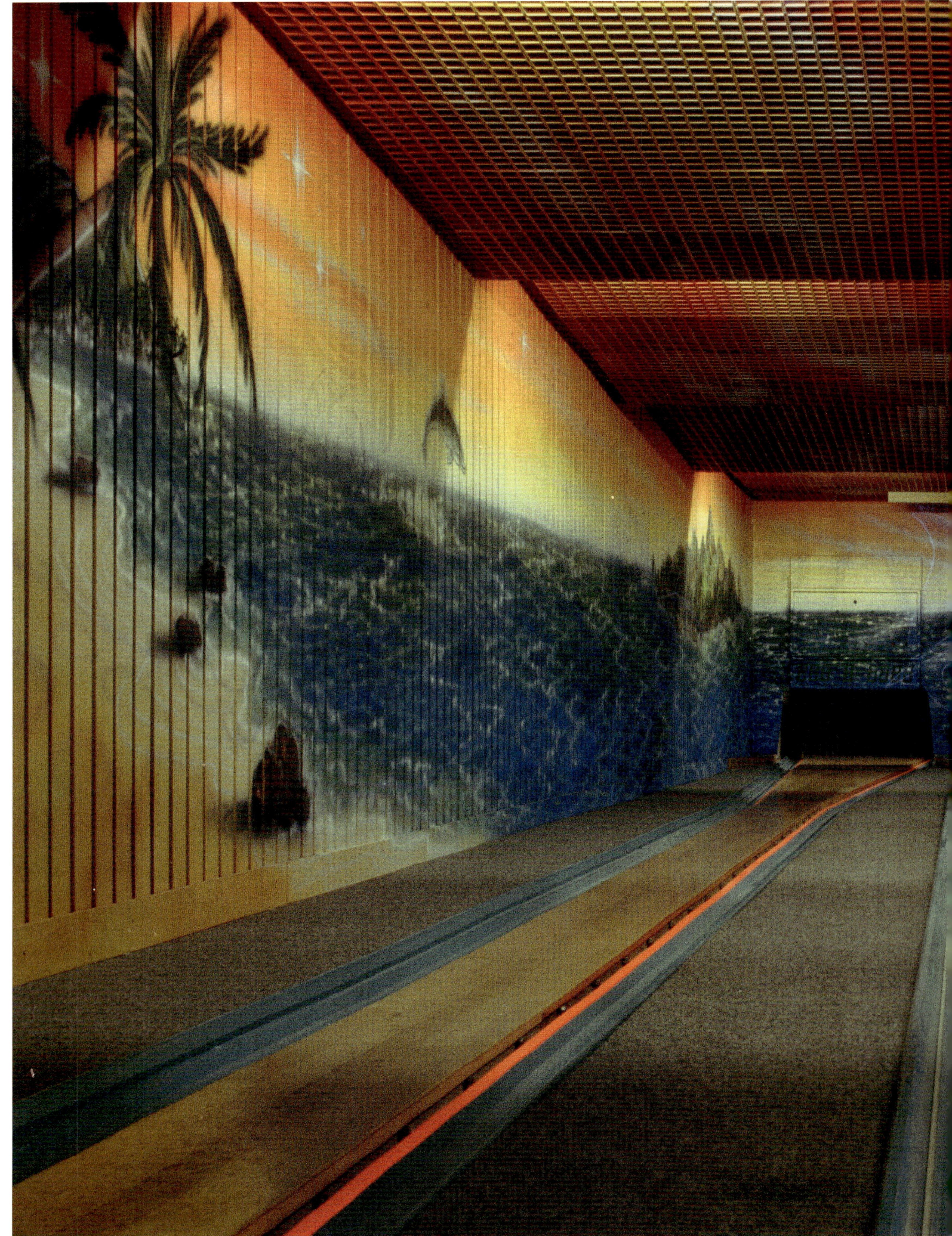

Bowling, Bad Wildungen

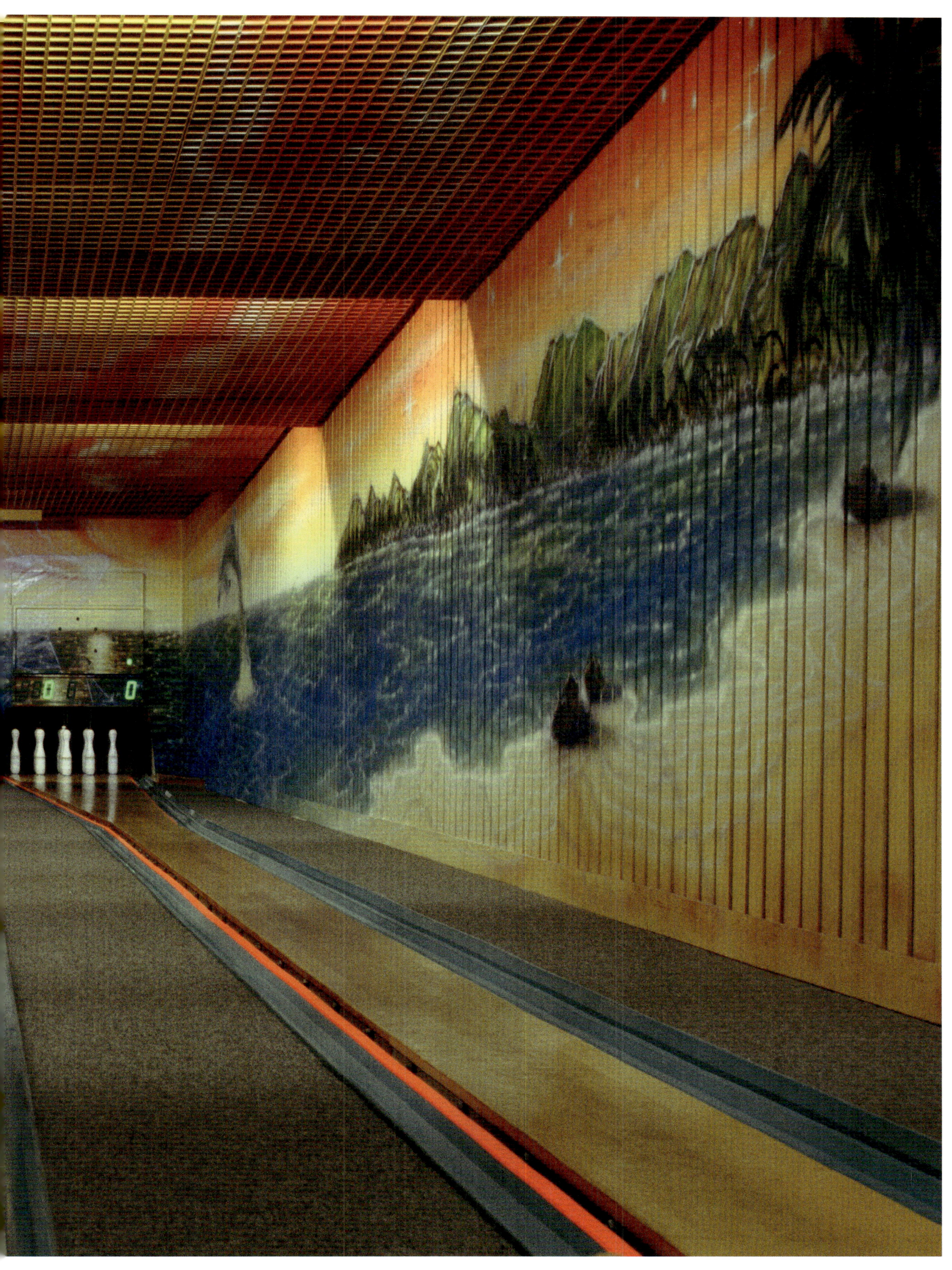

FILMSETS

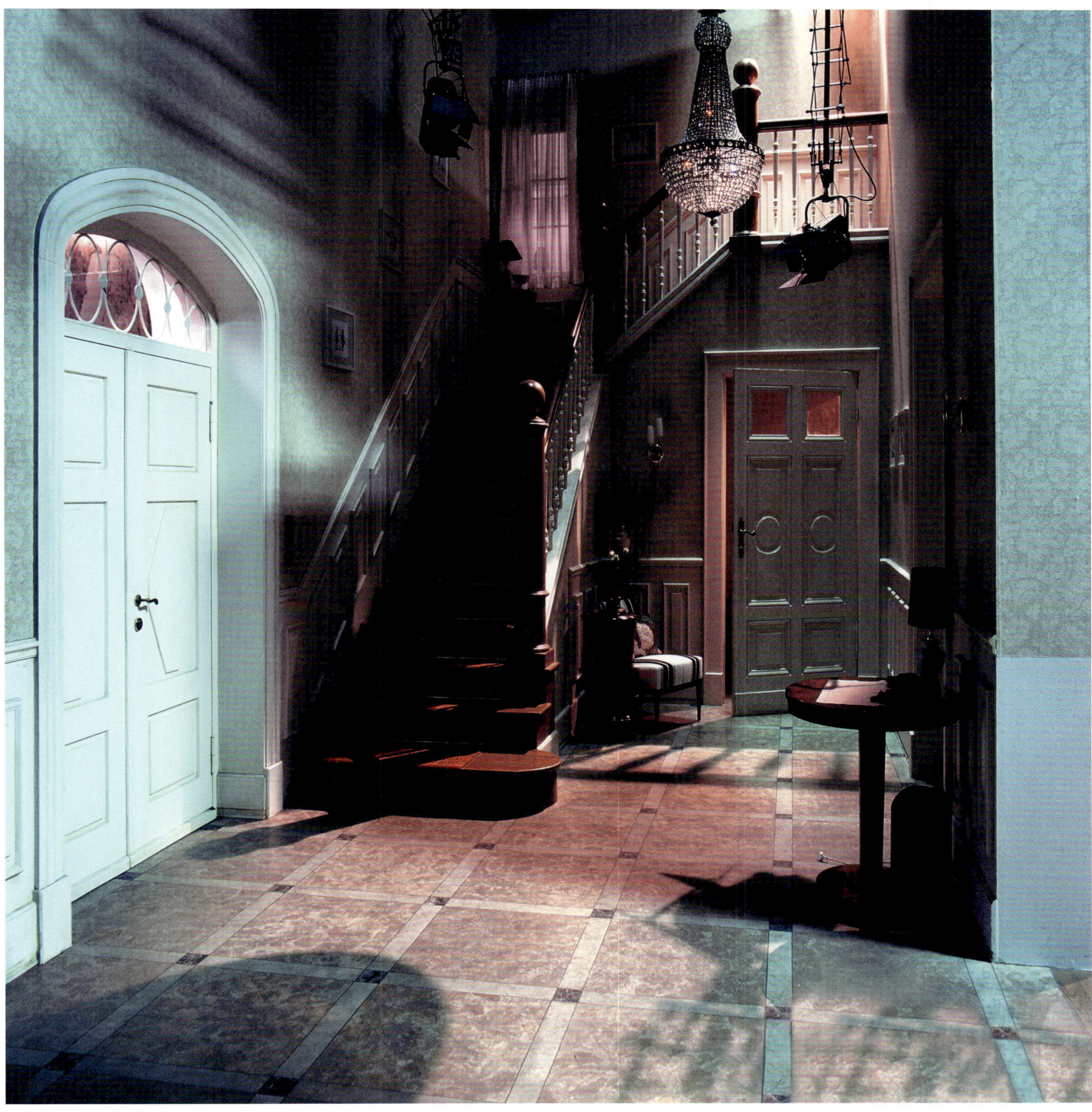

Entrée, Filmset

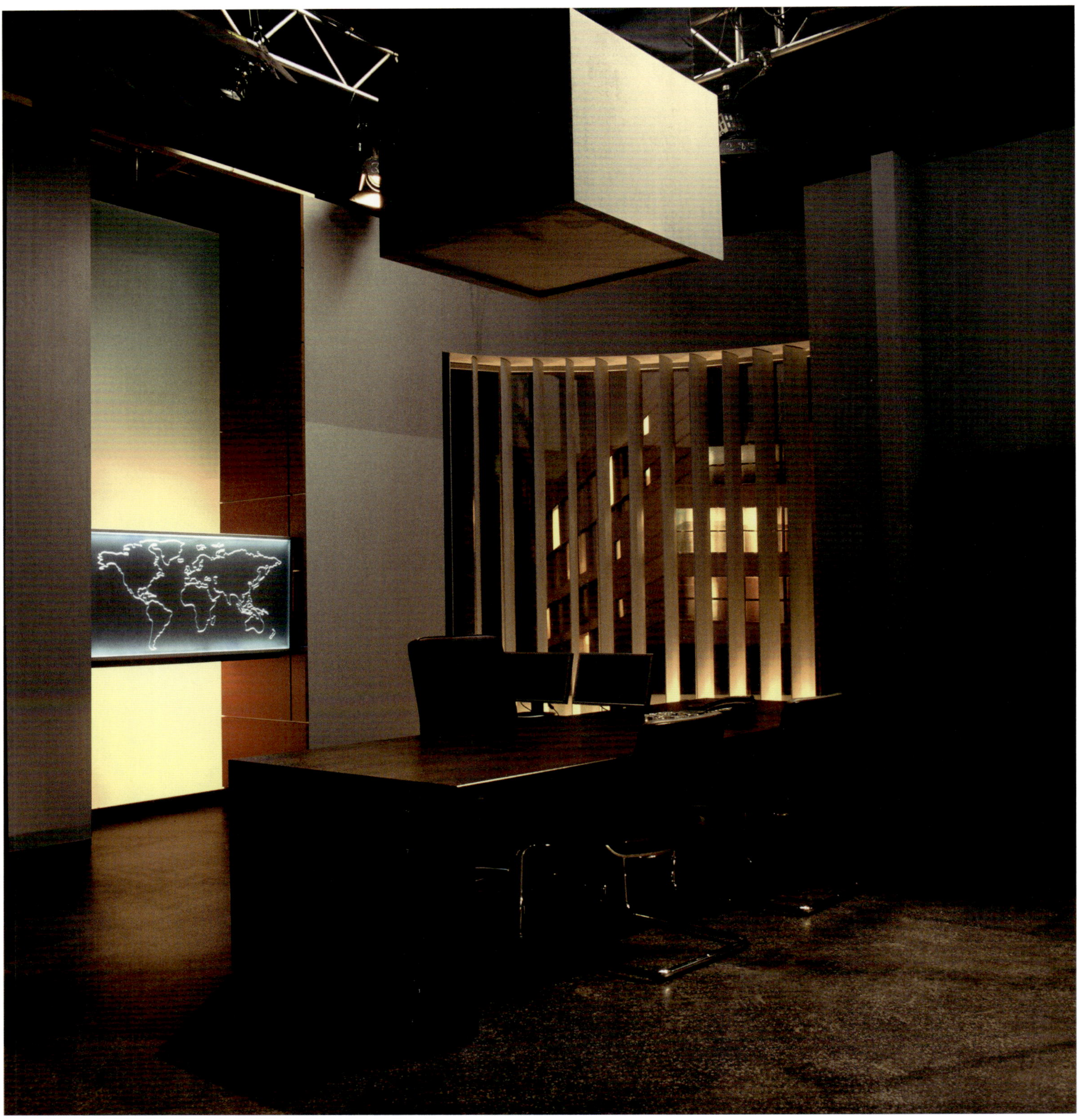

Büro, Filmset

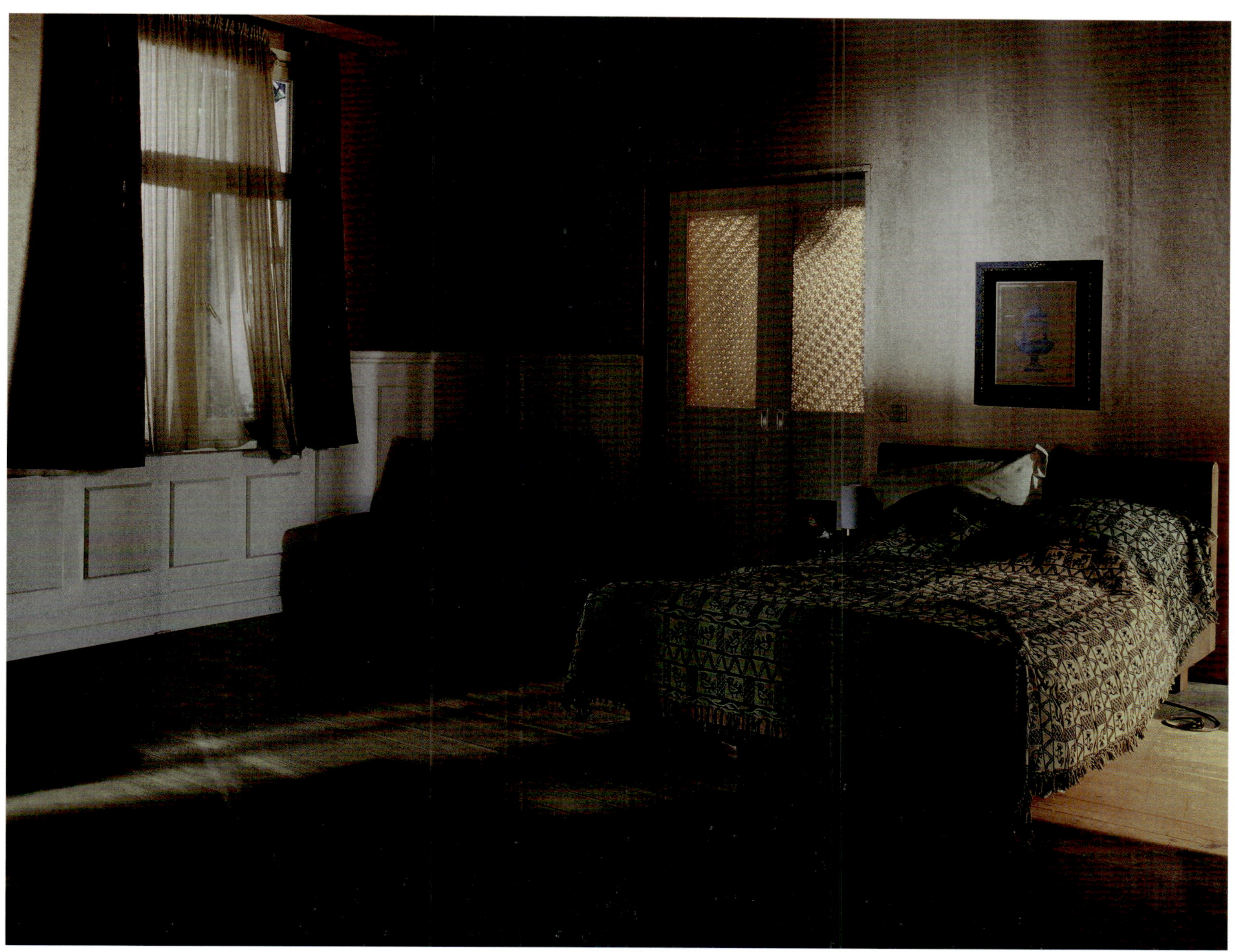

Schlafzimmer, Filmset

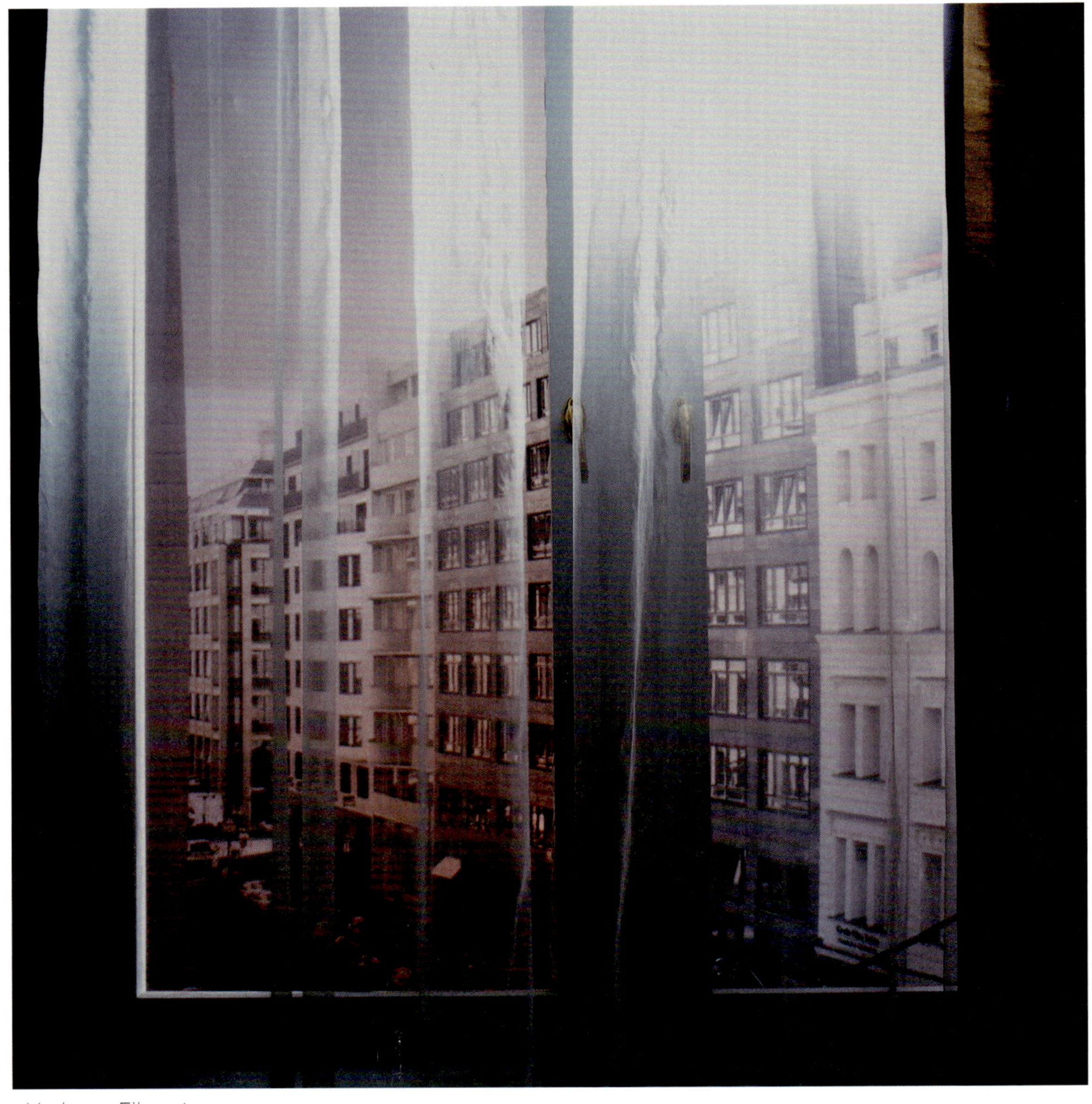

Vorhang, Filmset

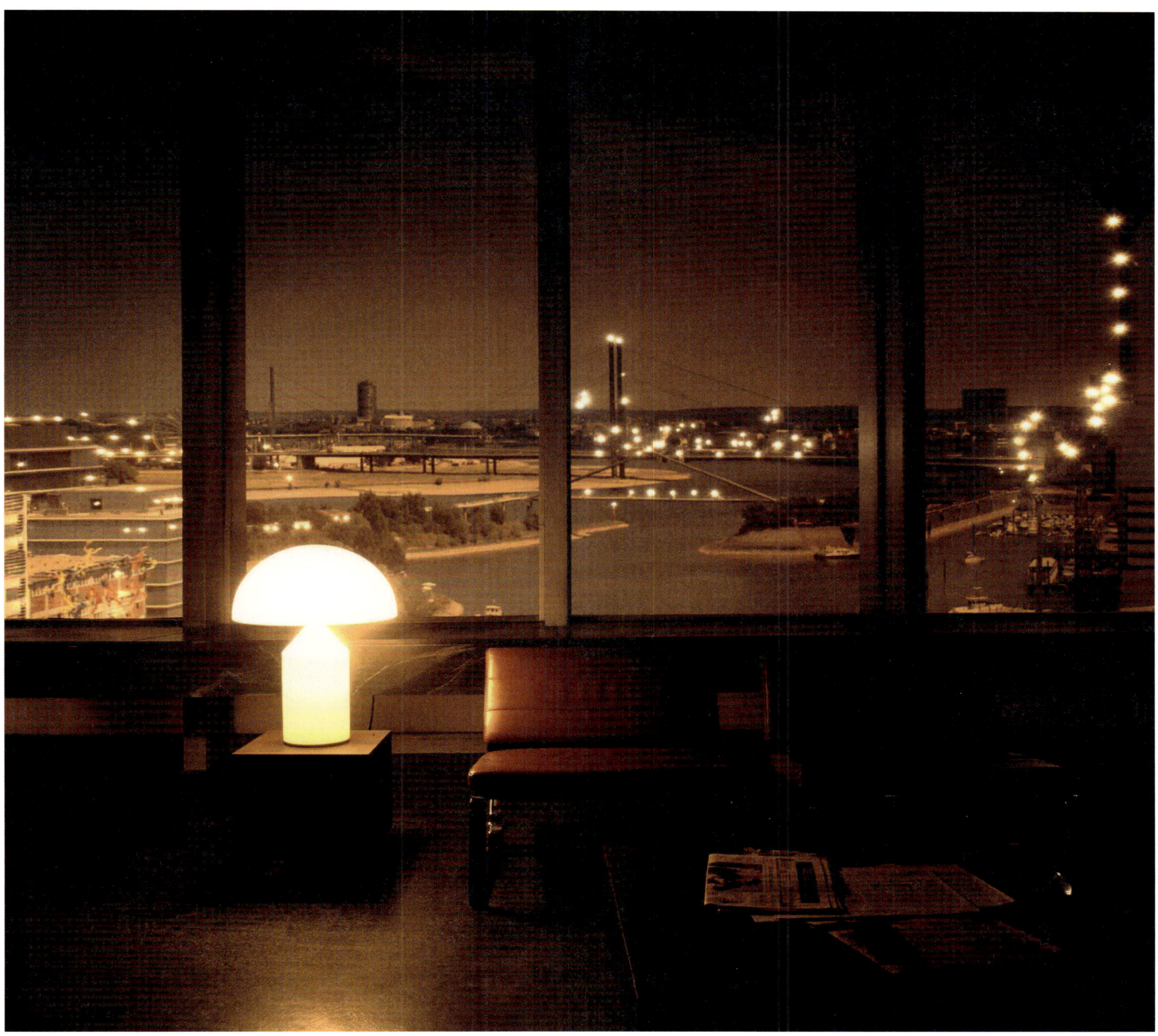

Düsseldorf, Filmset

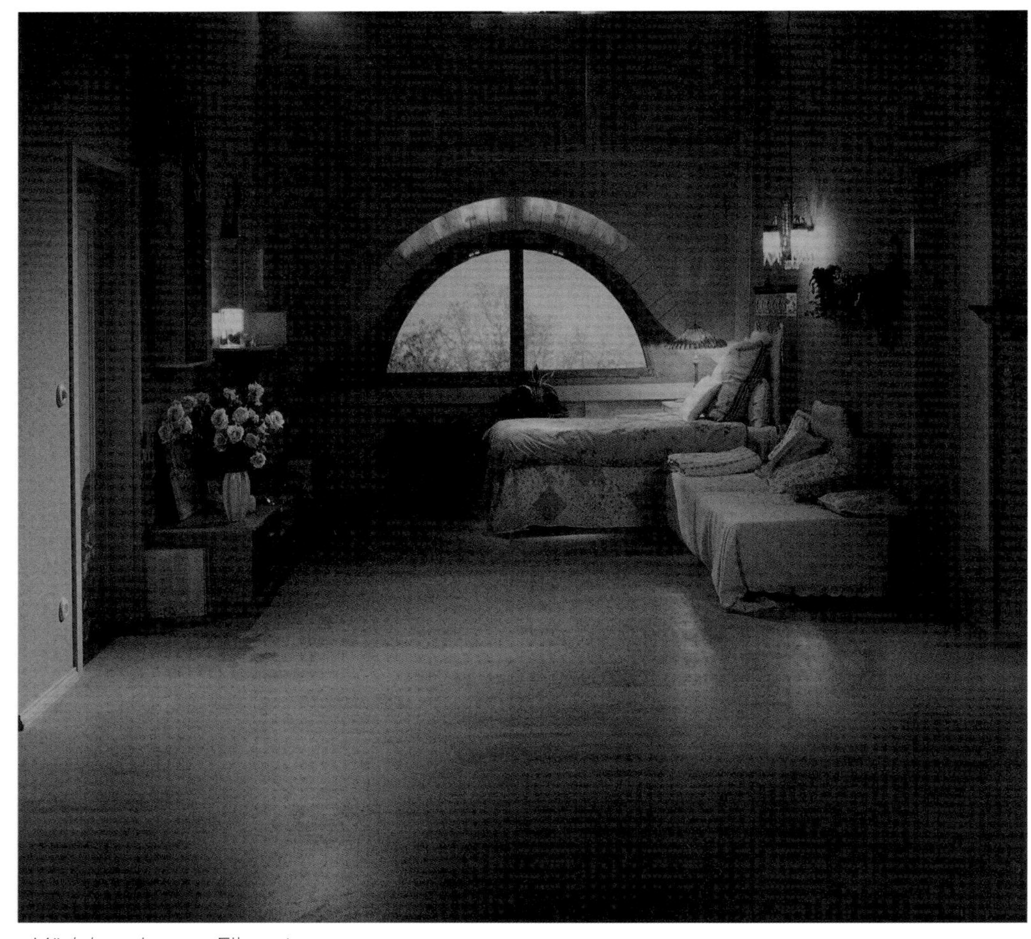

Mädchenzimmer, Filmset

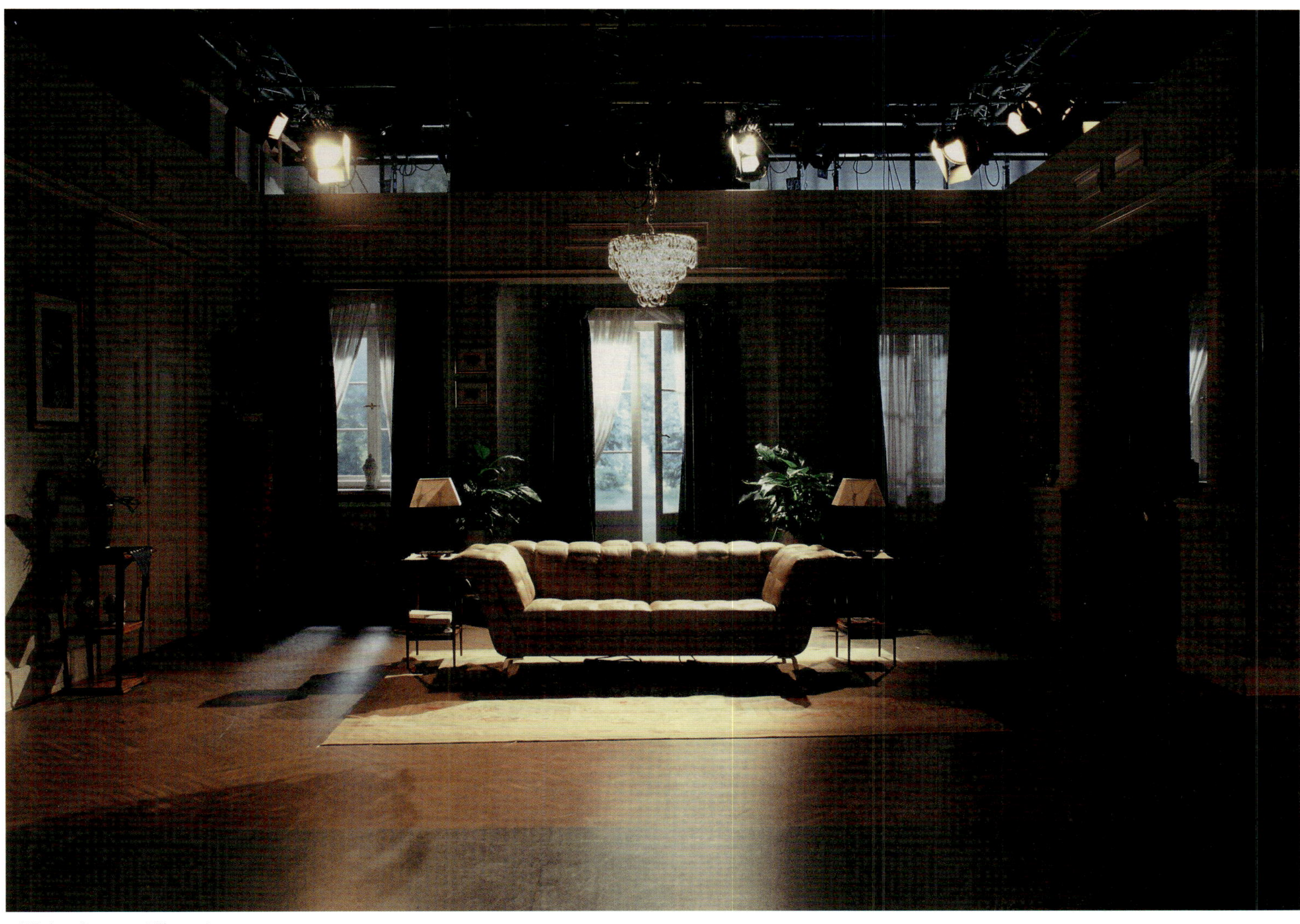

Wohnzimmer, Filmset

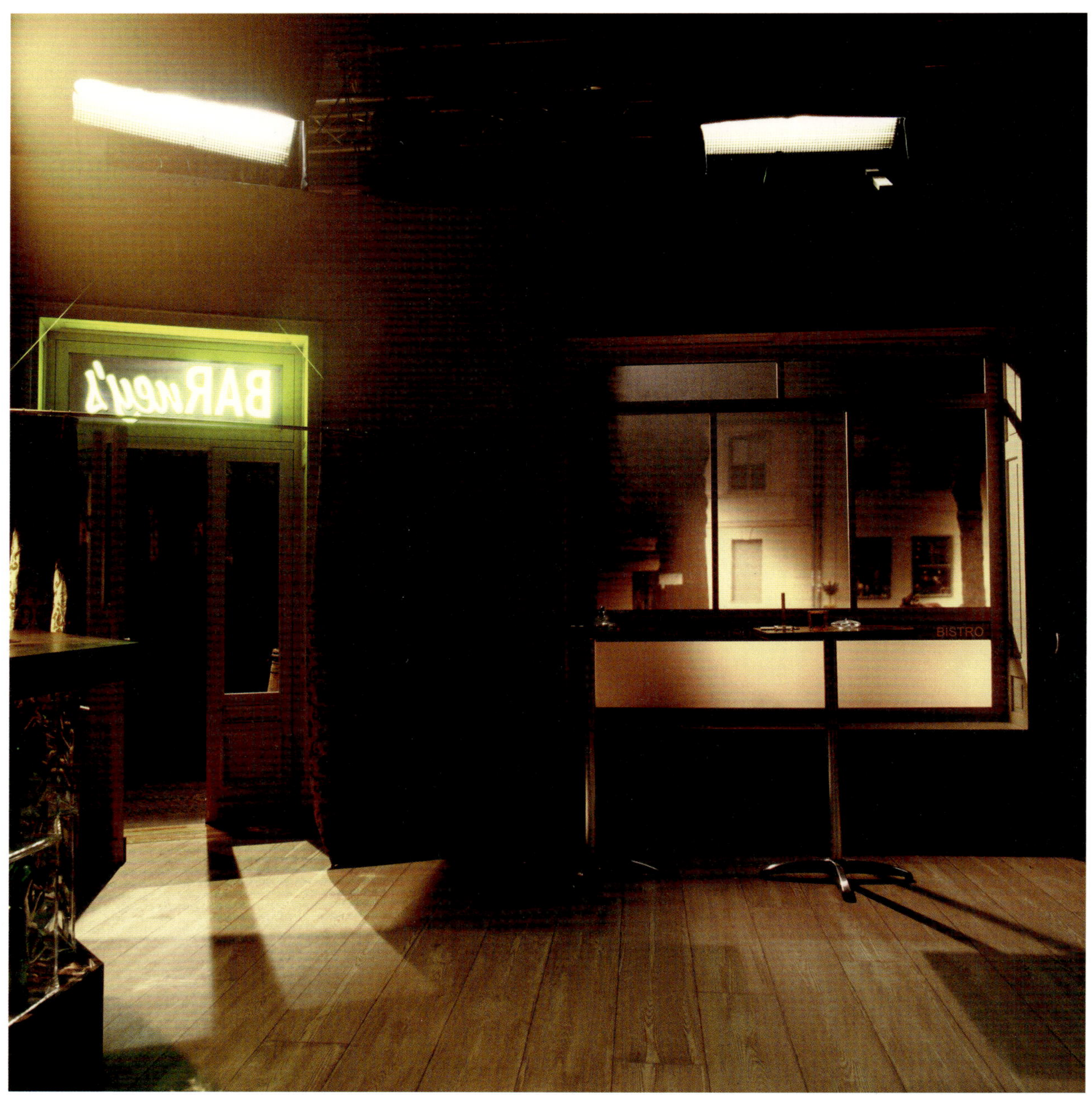

Barney's Bar, Filmset

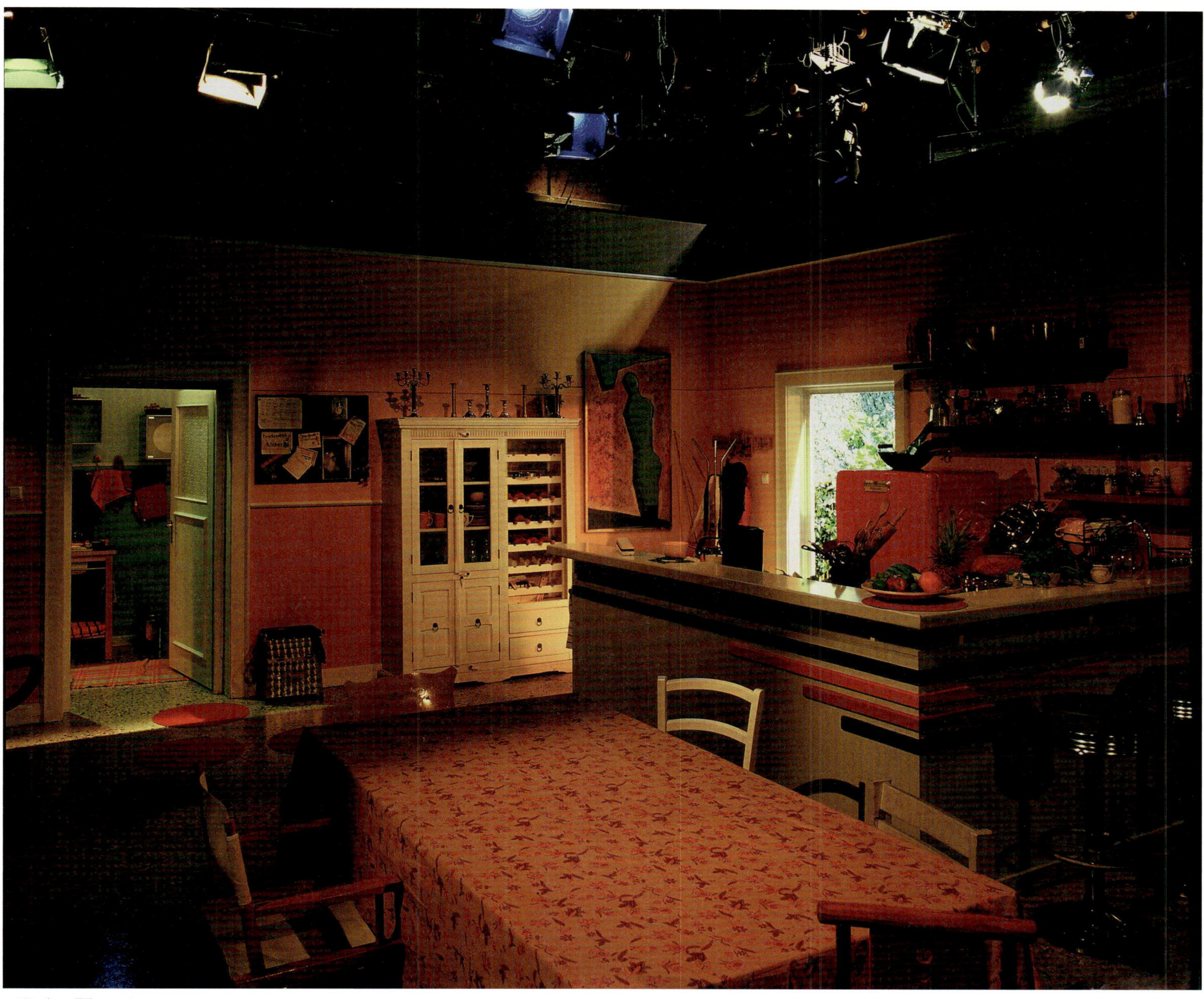

Küche, Filmset

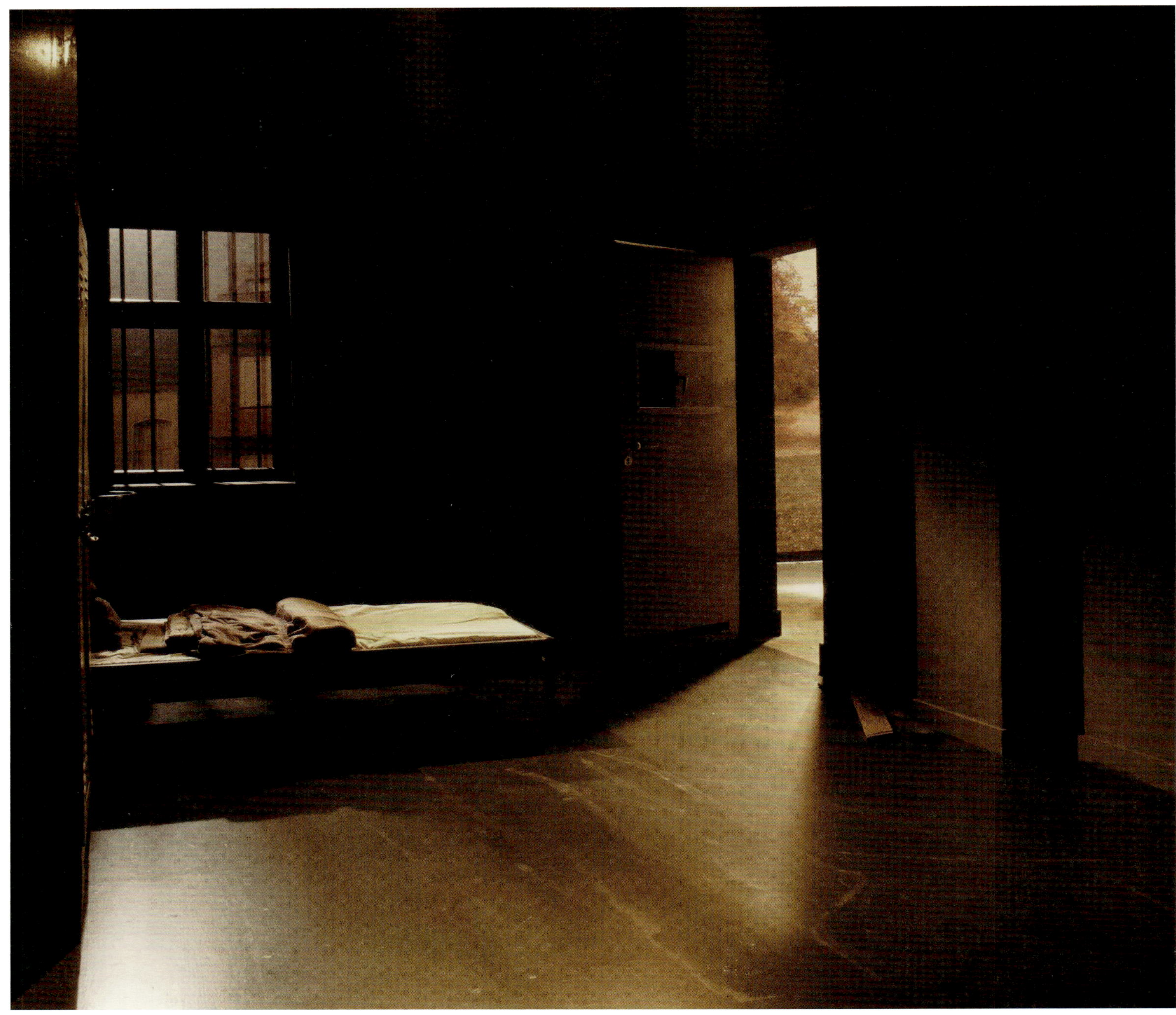

Knast, Filmset

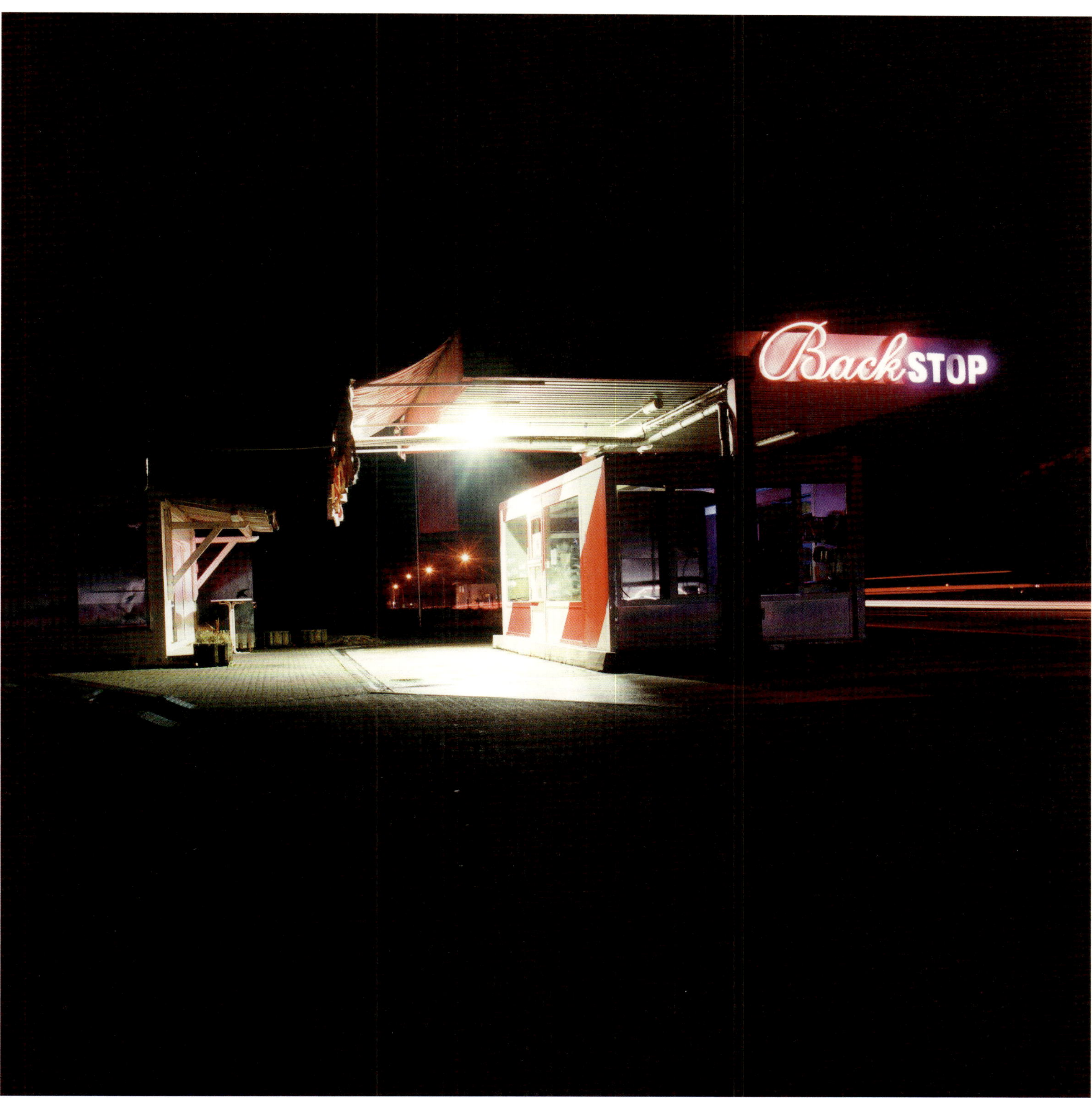

Backstop, Nordhessen

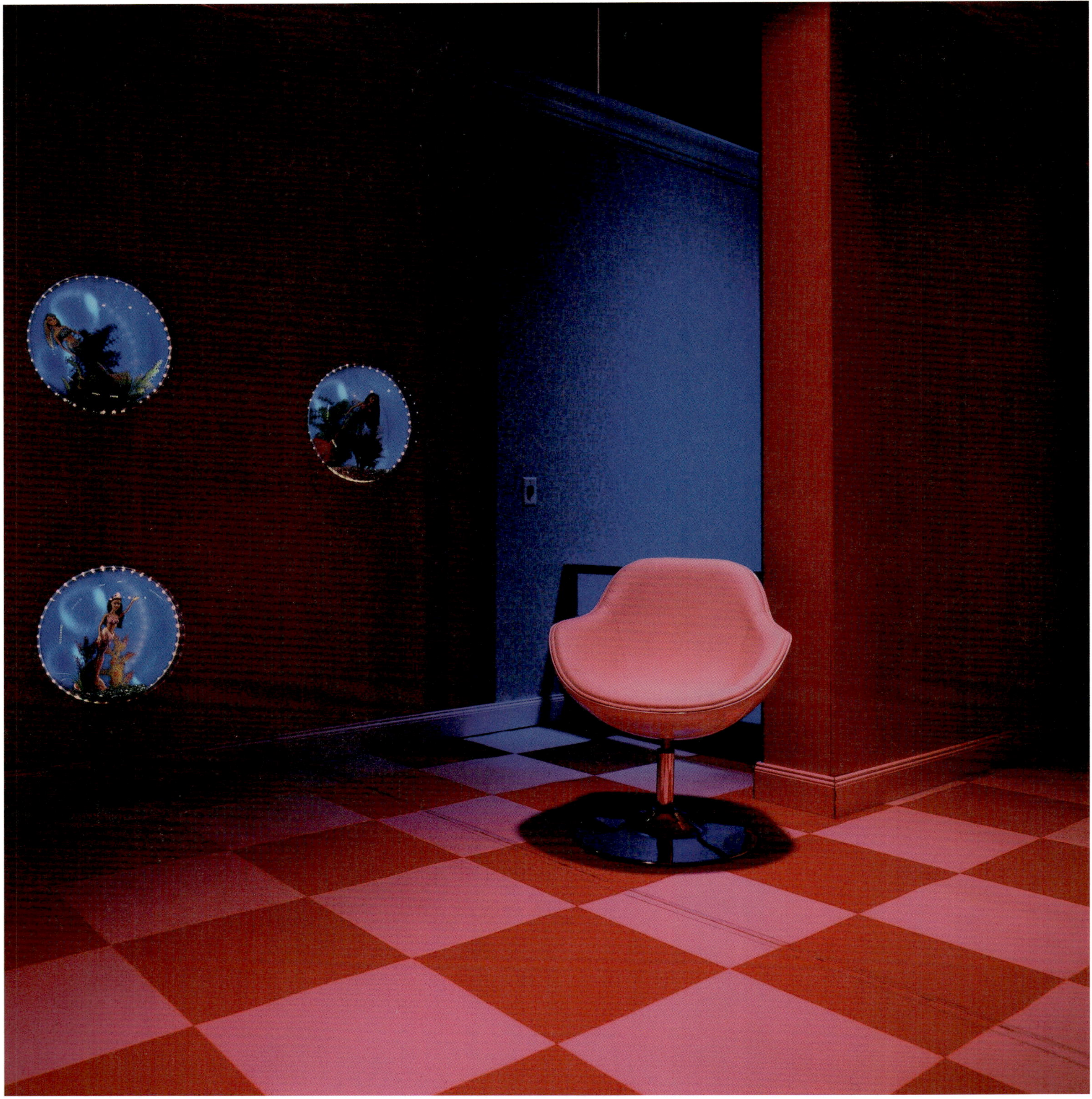
Barbie Haus, Berlin

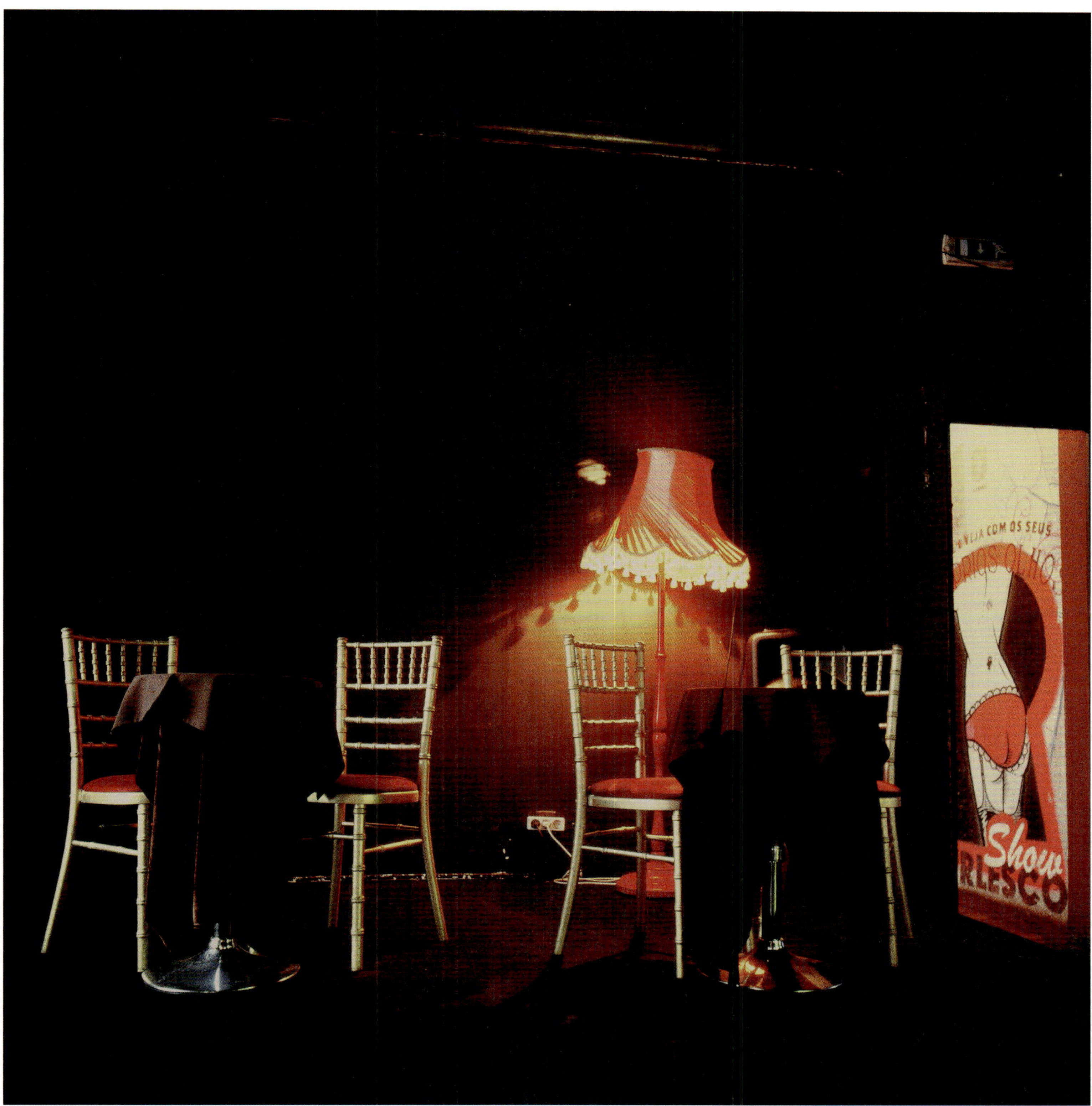

Bühne, Lissabon

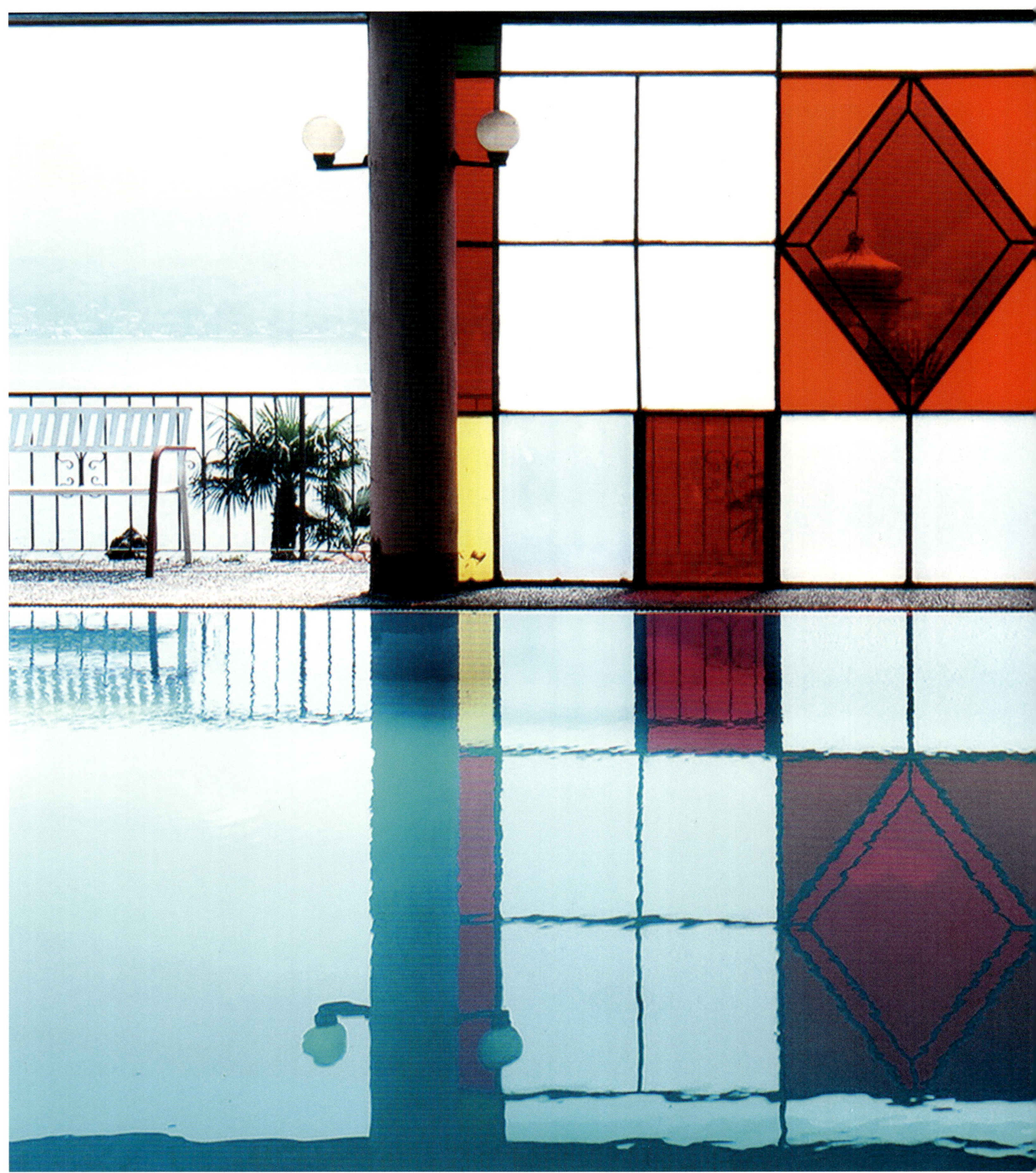

Hotel Paradiso, Piemont

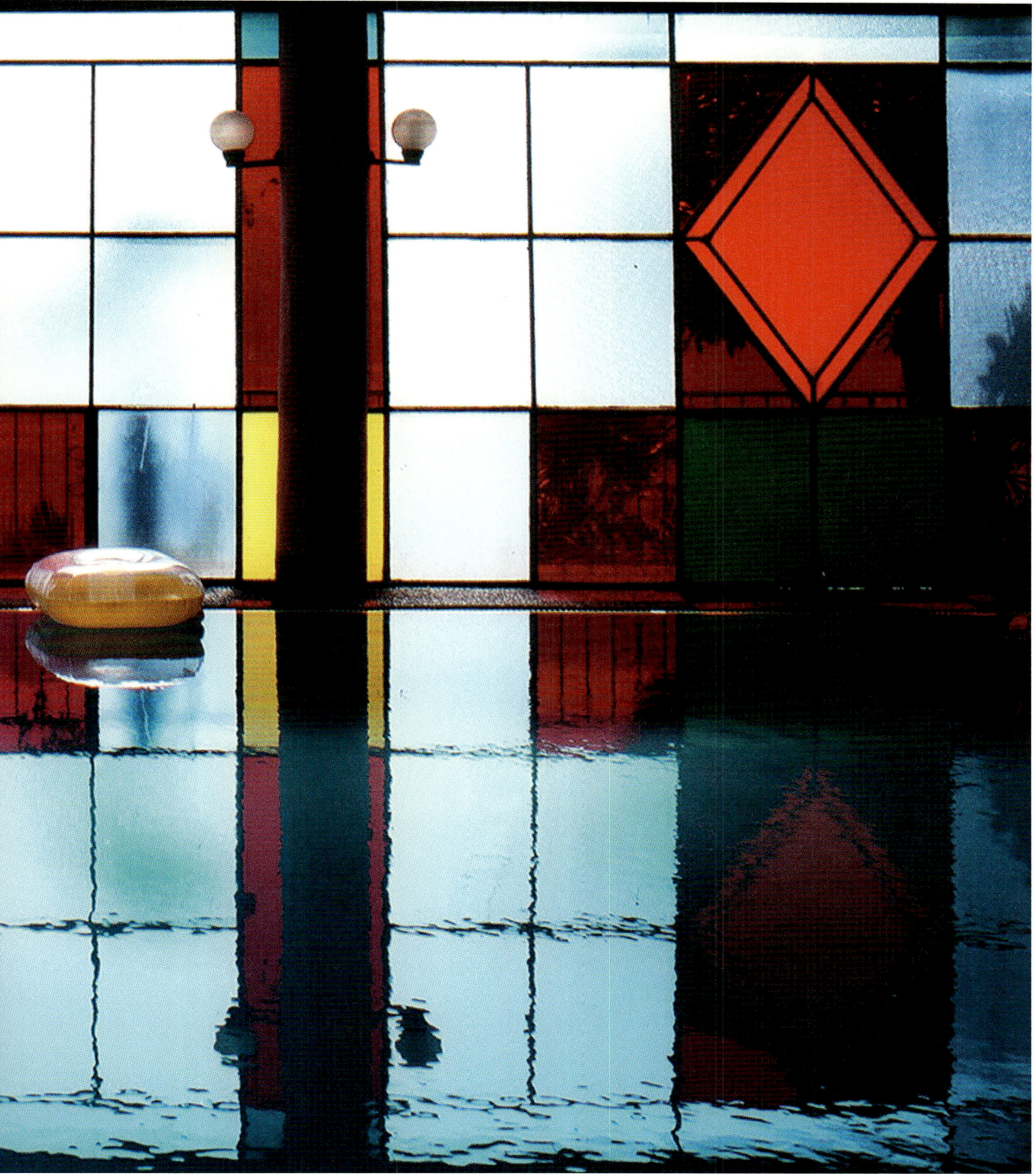

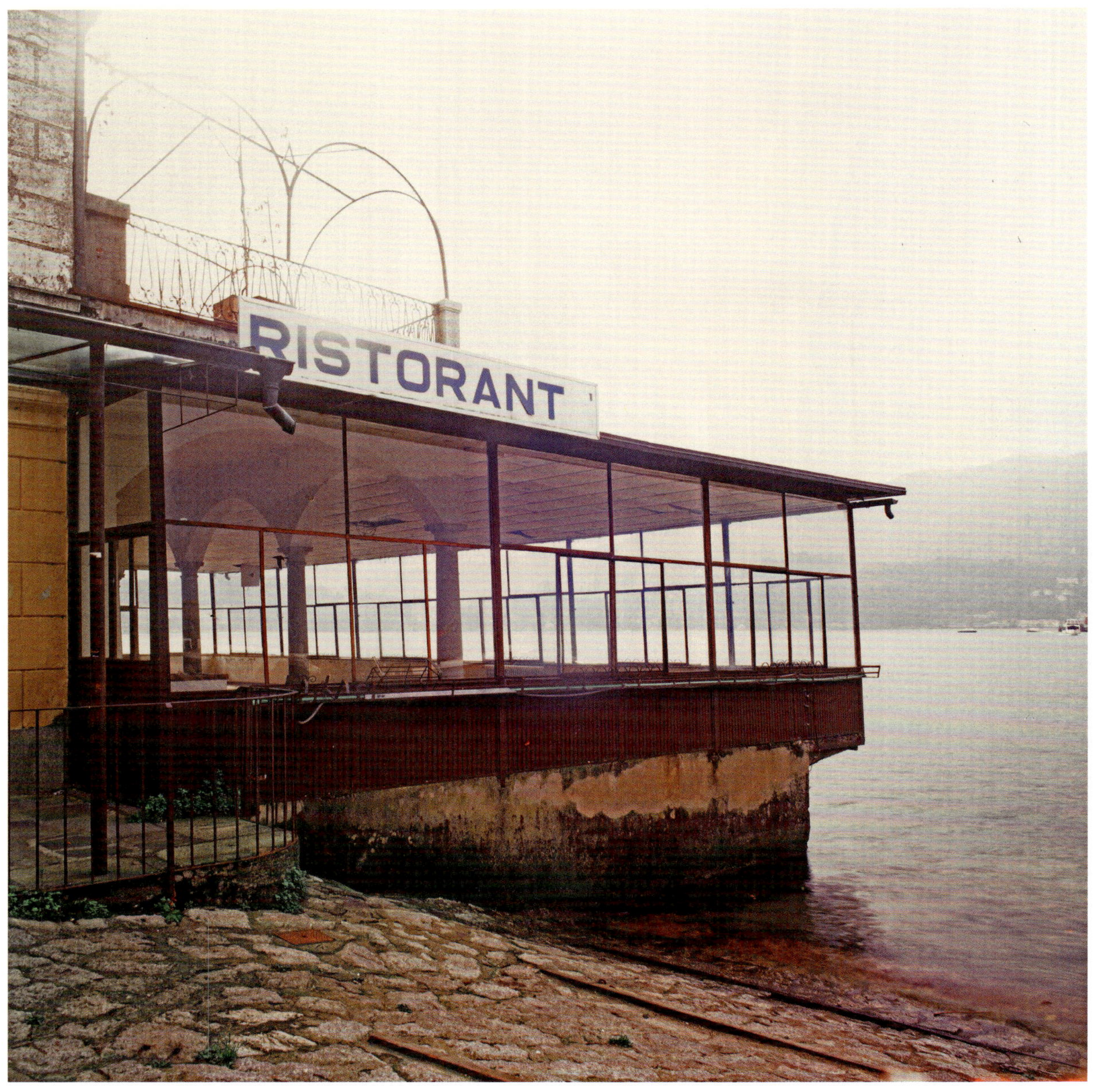

Ortasee

Die Rosenlast stürzt lautlos von den Wänden,
und durch den Teppich scheinen Grund und Boden.
Das Lichtherz bricht der Lampe.
. .

Ingeborg Bachmann, *Hôtel de la paix*

Lichter des Vergehens

Sabine Ziegenrücker

Lights of Time Passing

Sabine Ziegenrücker

Um es gleich vorweg zu nehmen: „Es ist vorbei, bye, bye …“[1] Strand, Meer, eine Uferpromenade in trübe-diffuses Licht getaucht, alle menschleer. Die Szenerie kündet vom Versprechen glücklicher Stunden – oder, ach! – man denkt an Rio Reisers Song aus den Achtzigern. Eine prägende Zeit für Anna Lehmann-Brauns, geboren 1967 in West-Berlin. Als ein Grundmotiv ihrer Arbeit hat sie einmal die Sehnsucht nach dem Vergehen und den Wunsch genannt, eben dieses Vergehen zu konservieren. Doch welch ein Unterfangen mit den Mitteln der Fotografie, dieser Kunst, die allein dem Augenblick verpflichtet ist und somit auf der Zeitachse gleich mehrere Widersprüche in sich trägt. Zeigt Fotografie nicht stets allein das Wirkliche in vergangenem Zustand: das Vergangene und das Wirkliche zugleich, aber eben sicher nicht, im Unterschied zu anderen Künsten, Zeiträume wie Erinnerung oder Fantasie? Ist es nicht vielmehr das Geheimnis der Gleichzeitigkeit des Ungleichzeitigen, das die Fotografie in sich trägt?[2] Sicherlich!, würde man mit Roland Barthes bekräftigen.
Wohl auch deshalb vermeidet Anna Lehmann-Brauns in ihren Bildern alles Lebendige und lässt stattdessen lieber Räume durch ihre Kamera zu Wort kommen. Fauteuils, Clubsessel, Loungemöbel berichten von Menschen, die sie einst besaßen, deren Zeit aber längst abgelaufen ist. Es erstehen Geschichten, die mit dem Raum verwoben scheinen; Mobiliar, Stoffe und Tapeten sind davon durchtränkt. Der säuerlich-modrige Geruch steigt in die Nase und man vernimmt das tiefe stumpfe Räuspern des Samtvorhangs bevor er sich anschickt, seine Geheimnisse zu lüften. „Miss you“ … Orte der Wehmut, des Gedenkens, von denen alles Lebendige sich fernhält und die doch in jedem Detail geisterhaft die einstigen Bewohner nachzuzeichnen scheinen.
Eine seltsame Empfindung von Zeitlosigkeit stellt sich angesichts dieser Bilder ein, sodass man die Orte für unwirklich halten möchte. In der Fotografie zeigt sich die Stilllegung der Zeit in einer unheimlichen Weise: sie stockt. Es gibt diesen rätselhaften Punkt von Inaktualität, eine seltsame Stauung, der Inbegriff des Stillstands also. Die Fotografie weist zeitlich nie nach vorne, sie ist ohne Zukunft, worin ihr Pathos liegt ebenso wie ihre Melancholie.[3]
So beredt diese Orte vom Vergangenen im Hier und Jetzt künden und die Gegenstände wie eingefroren darin verharren, warten sie schneewittchengleich auf ihre Wiederbelebung. Auf diese Weise werden sie zum Gefäß für die Erinnerungen anderer. Es sind subtile Formeln, die ähnlich Leerstellen Gedanken an Vergangenes beim Betrachter auslösen und dadurch

To come straight to the point: “Es ist vorbei, bye, bye …” (It’s over, bye bye).[1] The beach, the sea, a waterside promenade in dim, diffuse light, not a soul in sight. The scene promises a happy time—or, alas!—one suddenly has to think of German rock musician Rio Reiser’s song from the 1980s. The time left a lasting impression on Anna Lehmann-Brauns, born 1967 in West Berlin. She once said that an underlying motif in her work is a yearning after passing time and the desire to somehow hold onto it. And what an undertaking this is—using the means of photography, this art form that’s beholden to the moment alone and consequently, on the temporal level, carries multiple contradictions within itself. Doesn’t photography always depict reality in a past state: the past and reality at the same time, in contrast to other art forms or spans of time, such as memory or fantasy? Isn’t it more the secret of the simultaneity of the non-simultaneous that photography harbors?[2] Of course, one would agree along with Roland Barthes.
It’s probably for this reason, too, that Anna Lehmann-Brauns avoids anything living in her images; instead, she prefers to let rooms speak for themselves through her camera. Arm chairs, club chairs, lounge furniture tell of the people that once possessed them, whose time has long since come to an end. Stories emerge that seem to be interwoven with the space: furniture, fabrics, and wallpaper are imbued with them. The sour, moldy smell enters the nostrils, and one hears the low, dull rustling of the velvet curtain before it sets out to air its secrets. “Miss you” … places of melancholy, of commemoration, that everything alive shies away from, places that seem to paint a ghostly picture of their former inhabitants in each and every detail.
These images give rise to a strange feeling of timelessness, so much so that one could think the places were unreal. In photography, arresting time manifests in an uncanny manner: it falters. There’s this mysterious point of non-actuality, a strange blockage, in other words, the epitome of a standstill. In temporal terms, photography never points forwards, it is without future—this is its pathos and its melancholy.[3]
As these places bear eloquent witness to the past in the here and now with objects that seem frozen in them, they wait, like Sleeping Beauty, for their reanimation. In this way, they become a vessel for the memories of others, subtle formulas like placeholders that unleash thoughts of things past in the viewer’s mind and set his or her personal fantasy in motion. Like empty stages, they call out to the viewer’s

seine persönliche Fantasie in Gang setzen. Gleich leeren Bühnen rufen sie nach der subjektiven Erinnerung des Wahrnehmenden, um sie vampiresk mit dessen Leben zu füllen. Sie appellieren an den Betrachter als Koproduzenten. Und so stehen wir davor und träumen selbst noch einmal den Traum von vergangenen Lieben, Leiden und Hoffnungen, gewürzt mit der bittersüßen Melancholie, die dem emphatischen „Es ist so gewesen" der Fotografie zueigen ist.

Um diese Orte zu finden, muss Anna Lehmann-Brauns häufig weite Wege gehen. Der Prozess, der schließlich zu einem Bild führt, ist ein langwieriger, der Monate, bei Serien auch Jahre in Anspruch nehmen kann. Bei dieser Suche geht es der Künstlerin um das anschließende Bild, Dokumentarisches interessiert sie nicht. Die Arbeiten sind streng komponiert. Als Betrachter sieht man sich einer Bühne gegenüber, die als euklidischer Raum zentralperspektivisch gebaut ist. Zumeist sind diese Bilder auf einen Mittelpunkt, ein Zentrum hin ausgerichtet und öffnen sich nur wenig in die Tiefe. Es sind klar umgrenzte, kontrollierte Räume, die gesucht und gefunden werden. Das Begehren des Blicks, das Dahinter zu erfassen, wird verwehrt. Der Raum steht in unmittelbarem Kontakt zum Betrachter-Gegenüber und stellt eine Erweiterung und Verlängerung seines Blicks dar.

Die Bilder, die Anna Lehmann-Brauns macht, sind klein- oder mittelformatig. Sie setzen nicht auf Überwältigung, sondern auf die geklärte Rezeption auf Augenhöhe, auf den Betrachter, der bereit ist, die Chiffren dieser Orte zu lesen und für sich in persönlicher Weise zu übersetzen. Sie sind wie private Refugien, Seelenlandschaften gleich. Angesichts dieser Fotos ist jeder für sich allein. Sie besitzen einen Zauber im Übergangsbereich vom Alltäglichen zum Mysteriösen. Augenblicke der Ereignislosigkeit und des Stillstandes werden gezeigt, die etwas von der Befangenheit der eigenen Perspektive und vom Alleinsein im Subjektiven vermitteln.

Wörtlich lässt sich Fotografie als eine Emanation des Gezeigten, Referenziellen verstehen. Von dem realen Objekt, das einmal da war, sind Strahlen ausgegangen, die den Betrachter erreichen, der jetzt hier ist. Die Fotografie des Vergangenen berührt wie das Licht eines lange erloschenen Sterns; eine Art Nabelschnur verbindet den Körper des fotografierten Gegenstandes mit dem Blick des Betrachters.[4] Diese der Fotografie inhärente Tatsache wird von Anna Lehmann-Brauns noch gedoppelt, indem sie in ihren aktuellen Bildern das längst Vergangene in den Blick nimmt und so die linear gedachte Zeit mehrfach vor- und zurücklaufen lässt.

subjective memory in order to fill themselves, vampire-like, with life. They appeal to the viewer as a co-producer. And so we stand before them and once again dream the dream of past loves, sufferings, and hopes, flavored with the bittersweet melancholy intrinsic to photography, with its urgent claim: "It was once so."

In order to find these places, Anna Lehmann-Brauns often has to travel long distances. The process that finally leads to a picture is laborious and can take months, or in the case of a series, years. During her search the artist is concerned with the final picture as opposed to the documentation, and her works are austerely composed. As a viewer, one finds oneself facing a stage constructed as a Euclidian space in one-point perspective. The pictures are generally organized around a center and contain very little depth. They are clearly delineated, controlled spaces; they deny the viewer's desire to grasp what's behind them. The room enters into direct contact with the viewer and represents an expansion and extension of his or her gaze.

The pictures that Anna Lehmann-Brauns takes are usually in small or medium format. They don't aim to overwhelm, but to proffer a clear reception among equals, for the viewer who's willing to read the ciphers of the place and to translate them in a personal way. They are like private refuges, landscapes of the soul. In confronting these photographs, the viewer is alone, left to him or herself. They possess a magic that resides in the zone of transition from the everyday to the mysterious. They are moments of uneventfulness and standstill that convey something of one's own perspective, an aloneness in subjectivity.

In a literal sense, photography can be understood as an emanation of what is depicted, of the referential; rays of light that reflected off a real object that was once there and that reach the viewer, who is now here. Photography of things past is poignant, like the light of a long-dead star; a kind of umbilical cord connects the body of the photographed object with the viewer's gaze.[4] This fact inherent to photography is doubled in the work of Anna Lehmann-Brauns as in her current works she visualizes things long since past and allows linear time to run backwards and forwards multiple times.

Similarly to a dream, panoramas open up in the works of the series "Paradise Lost," but not to awaken to new life, as in the work of photographer Hiroshi Sugimoto. Instead, Lehmann-Brauns leaves them in their imagined in-between realm, presenting us with a scene in which stories from childhood are resurrected.

Gleich einem Traum öffnen sich in den Arbeiten der Serie „Paradise Lost“ Panoramen, die Anna Lehmann-Brauns aber nicht zu neuem Leben erweckt, wie etwa der Fotograf Hiroshi Sugimoto. Sie belässt sie vielmehr in ihrem imaginierten Zwischenreich und schaut auf eine Szenerie, die Geschichten aus Kindertagen heraufbeschwören. Nilpferde, Giraffen und Zwerge geben sich hier Seite an Seite ein bizarres Stelldichein. Micky-Mäuse und gewaltige Eistüten verführen zum Schwelgen in süßlicher Herrlichkeit. Bunte Farben blitzen hervor, und das obgleich sich auf diese seltsame Welt allenthalben Staub gelegt hat. Die Geschichten, die sich hier andeuten, sind im Vergleich zu früheren Serien, etwa den Puppenstuben, die auf konkrete Personen verweisen, sehr viel allgemeiner gefasst. Gleich surrealistischen Bildern erlauben sie vielmehr einen Blick in verrätselte Seelenlandschaften, in denen Unbewusstes, Absurdes und Fantastisches das bildgebende Repertoire ausmachen und psychoanalytischen Theorien eine Sprache verleihen.

Unübersehbar ist der Humor, der diesen Szenen innewohnt und mit dem Lehmann-Brauns bei aller Ernsthaftigkeit einen Schritt zurücktritt und damit die Absurdität des Daseins umso mehr bestaunen lässt. Leben und Vergehen sind in dieser Welt untrennbar miteinander verwoben. Gleich Memento mori stehen sie da, die Puppen, Trolle und Dinos, und zaubern ein Lächeln, kurz bevor alles zu Staub verfällt. Es ist ein schmaler Grat, den die Künstlerin zwischen Humor und Melancholie ausbalanciert, der maßgeblich durch Licht und Farbe ebenso wie durch deren Abwesenheit beschritten wird.

Obgleich diese Szenen fernab des Alltäglichen, ja des Realen angesiedelt scheinen, fotografiert Anna Lehmann-Brauns mit wenig technischem Aufwand allein mit einer Mittelformatkamera. Sie setzt keine weitere Beleuchtung oder bearbeitet später am Computer. Es entfaltet sich eine ungewohnte Farbigkeit, indem leuchtende Gegensätze aufeinandertreffen in Rot, Violett, Türkis oder Braun. Die Opulenz der Farben steht in Kontrast zur Fadenscheinigkeit, ja oft Armseligkeit der Orte und erscheint fast wie ein jähes Aufflackern von Freude und Hoffnung. Mit ihrer sinnlichen, emotionalen Bildsprache stemmt sich die Künstlerin gegen die lange Zeit eingeübte Versachlichung, das Dokumentarische als Charakteristikum deutscher Fotografie, wenn man an die Düsseldorfer oder auch die Leipziger Schule denkt, an der sie selbst gelernt hat.

In den Nachtszenen, die einen großen Teil ihres Werks umfassen, wird die Faszination für einzelne Licht- und Farbpunkte, die in einem Meer von Dunkel über das Bild tanzen, suggestiv in Szene gesetzt. Die

Hippopotamuses, giraffes, and dwarves are engaged in a bizarre rendezvous. Mickey Mouse figures and gigantic ice-cream cones seduce the viewer to bask in sweet magnificence. Bright colors shine forth, although dust has settled everywhere in this strange world. Compared to earlier series, for instance the dollhouses, which refer to specific people, the stories that suggest themselves here are far more general. Like surrealist pictures, they open up onto enigmatic landscapes of the soul in which the subconscious, absurd, and fantastic make up a visual repertoire and psychoanalytical theories provide a language.

The humor that resides in these scenes is unmistakable; in spite of all seriousness, Anna Lehmann-Brauns uses it to step back and marvel at the absurdity of existence all the more. Living and the passing of time are inseparable in this world. Dolls, trolls, and dinosaurs stand there like memento mori, conjuring up a smile shortly before everything falls to dust. It’s a fine line the artist treads between humor and melancholy, and she performs this largely through light and color, as well as their absence.

Even while these scenes seem to exist far from the everyday or even the real, Lehmann-Brauns takes her photographs exclusively with a medium format camera and minimal technical effort. They entail no additional lighting, and no computer post-production. The result is an unusual coloration with brightly colored contrasts in red, violet, turquoise, and brown. The opulence of the colors contrasts with the threadbareness and even poverty of the places, and appears almost like a brief flicker of joy and hope. With her sensuous and emotional pictorial language, the artist takes a stand against the long-practiced objectification and documentary approach, which are defining features of German photography and particularly the Dusseldorf and Leipzig Schools, where she herself was trained.

The night scenes that comprise a large part of her work evocatively convey a fascination for individual flecks of light and color dancing across the picture’s surface in a sea of darkness. The objects of reference, that which the objects in the photograph leave behind in the form of light, are difficult to discern and have almost completely disappeared. Are they streets, buildings, reflections in a pane of glass or on asphalt wet from the rain? It remains ambiguous, while the sense that something eerie is lurking in the shadows is further reinforced by disjointed words such as “kill,” “open,” “non-stop,” or “dart.” Eroticism and violence, beauty and danger lurk in the dark of the night—our atavistic senses tell us this. The invention

Referenzobjekte, das, was die Gegenstände im Foto als Licht hinterlassen, sind in ihnen fast bis zur Unkenntlichkeit verschwunden. Sind es Straßen, Häuser, der Widerschein in Glasscheiben oder auf regennassem Asphalt? Es bleibt vage, und das Gefühl, dass hier Unheimliches lauert, wird durch zusammenhanglose Wörter wie „kill", „open", „non-stop" oder „Dart" noch verstärkt. Im Dunkel der Nacht lauern Erotik und Gewalt, Schönheit und Gefahr – so lautet unsere atavistische Einschätzung. Die Erfindung der Glühbirne, die ein Nachtleben erst möglich machte, geschah im ersten Drittel des 19. Jahrhunderts fast zeitgleich mit der Entdeckung der Fotografie. Obgleich damit die Angst vor der Finsternis etwas eingehegt wurde, lässt sie den Betrachter doch weiterhin fasziniert erschaudern.

Die Surrealisten wussten diese Tageszeit besonders zu schätzen – die Nacht als Zeit des Unbewussten und der Träume. Lässt sich die Realität doch nachts unter Umständen auch schlaglichtartig konzentriert wahrnehmen. In den Bildern der Nacht existiert beides: die bedrohlich wirkende Dunkelheit und die, die Banales verfremdet, verschönt und überhöht. Die Bilder des Dunkels tragen einen Zauber in sich, einen Rest des Unergründlichen, Unbewussten, der nicht völlig zu erklären ist und auch die Romantik faszinierte.

Diese Macht der Verführung ist ein Element, mit dem Anna Lehmann-Brauns spielt, mit dem sie uns packen will. Es ist nicht der kühl abtastende, abwartende, sezierende Blick, der herausgefordert wird, sondern sie will emotional ergreifen, den Betrachter mitreißen in eine Welt voller Sehnsucht. Es schiebt sich kein distanzierender Filter zwischen Linse und Abbild.

Die Stimmung, die von den Orten ausgeht, soll in ihrer ganzen Unmittelbarkeit ins Bild gesetzt werden.

Dabei lässt die nächtliche Beleuchtung die Realität aber auch als Modell erscheinen. Der Betrachter assoziiert die Künstlichkeit einer Kulisse, die Konstruktion einer anderen Welt, um dann festzustellen, dass diese doch real ist. Schon Brassaï hatte 1933 festgestellt: „Eine Stadt verwandelt sich nachts in ihr eigenes, in Pappmaché nachgebautes Bühnenbild, wie in einem Studio."[5]

Dieser Gang durch eine Welt voller Kulissen wird von Anna Lehmann-Brauns in der Serie „Julia – Wege zum Glück" weiter beschritten. Sicherlich nicht ohne die Frage nach dem Schein des Wirklichen im Gepäck, welche die Fotografie seit jeher begleitet. Wider besseres Wissen sind wir aber ohnehin darauf angewiesen, Fotos für ein Abbild der Realität zu erachten. Und so passiert es auch, dass wir uns trotz aller Hinweise auf die filmische Mechanik, wie beispielsweise die

of the light bulb, which made nightlife possible in the first place, happened in the first third of the 19th century, almost at the same time as the invention of photography. Although it took away some of the fear of darkness, the viewer still remains in a kind of terrified fascination.

The Surrealists placed particular emphasis on this time of day—nighttime as a time of the unconscious and of dreams. Sometimes, reality can be perceived in a more concentrated, potent way at night. In these images of nighttime, two things exist side by side: a darkness that seems threatening, and a darkness that distorts, embellishes, and elevates. Nighttime images harbor a kind of magic, a remnant of the inscrutable and unconscious that cannot be fully explained and that also fascinated the Romanticists.

This power of seduction is an element that Anna Lehmann-Brauns plays with and that she uses to capture our attention. She doesn't seek to incite the cool, tentative, analytical gaze, but wants to have an emotional effect, to pull the viewer into a world full of longing. There is no distancing filter between the camera lens and the image it yields. The mood that emanates from the places is transferred to the image in all its immediacy.

Yet the nighttime lighting makes reality resemble a model. The viewer associates it with the artificiality of a stage backdrop, a construction of another world, only to then realize that it's real, after all. As Brassaï asserted back in 1933: "a city transforms at night into its own stage set, reconstructed in papier mâché, like in a studio."[5]

In the series "Julia – Wege zum Glück," Anna Lehmann-Brauns continues on this path through a world of backdrops, and the question regarding the appearance of reality that has always accompanied photography remains close at hand. Despite knowing better, we still regard photos as records of reality. So it happens that regardless of all hints as to the mechanics of cinema, we willingly overlook track lighting or the fakery of Potemkin villages and let ourselves become absorbed in the flimsy telenova world. They're used to generate a mood for a mass audience that one can

Lichtschienen oder den Talmi potemkinscher Dörfer, bereitwillig auf diese fadenscheinige Telenovela-Welt einlassen. Mit ihnen wird für ein Massenpublikum Stimmung erzeugt, der man sich durch die Linse von Lehmann-Brauns wiederum kaum entziehen kann, auch wenn man schnell merkt, dass etwas nicht stimmt. Und so sucht der Betrachter, trotz allen analytischen Wissens über die Konstruktion von fotografischen Bildern, nach Aspekten der Wirklichkeit und nimmt auch diese inszenierten Fotos als wirklich, wenn nicht gar als wahrhaftig an. Damit springen die Bilder nicht nur in zeitlicher, sondern auch in räumlicher Hinsicht fortwährend zwischen den Ebenen hin und her, die sich aber nicht berühren, überlappen oder von Dauer sind. Das einzig Verbindliche zwischen diesen punktuell gesetzten und sogleich wieder zerfallenden Raum- und Zeitbezügen scheint die Sehnsucht nach dem Glück im Modus der Vergangenheit.

1 Aus dem Lied „Junimond" (1986) von Rio Reiser, in: http://www.mediacube.de/musik/songtexte/junimond.shtml
2 Vgl. Roland Barthes, *Die helle Kammer, Bemerkungen zur Photographie*, Frankfurt am Main 1985, S. 93.
3 Ebd., S. 101.
4 Ebd., S. 90–91.
5 Zit. n. Brassaï, *Vom Surrealismus zum Informel*, Ausst.-Kat. Das Museum der Moderne im Rupertinum, Salzburg 1994, S. 91.

hardly resist when looking through Lehmann-Brauns's camera lens, even though one quickly notices that something's not quite right. And so the viewer, despite all analytical knowledge regarding the construction of photographic images, looks for indications of reality and accepts these staged images as real, if not quite genuine. In the process, the images jump back and forth, not merely in a temporal sense, but spatially as well—between planes that do not touch, or overlap, or last. The only reliable entity among these sparsely applied and quickly dissolving references to space and time seems to be a longing for happiness in the past tense.

1 From Rio Reiser's song "Junimond" (1986), in: http://www.mediacube.de/musik/songtexte/junimond.shtml
2 Cf. Roland Barthes, *Camera Lucida: Reflections on Photography* (New York: 1981), 76.
3 Ibid., 90.
4 Ibid., 110.
5 Quoted from Brassaï, *From Surrealism to Art Informel*, exh. cat. Fundació Antoni Tàpies (Barcelona: 1993).

WERKLISTE / LIST OF WORKS
Seite/page

7 *Budapest*, 2013, 80 × 60 cm
8 *Herrenzimmer* / Gentleman's room, Weiße Villa Berlin, 2012, 80 × 84 cm
9 *Vorhang*/curtain, Piemont/Piedmont, 2014, 73 × 93cm
11 *Damenschlafzimmer*/ladies' bedroom, Weiße Villa Berlin, 2012, 120 × 100 cm
13 *Disko,* Weiße Villa Berlin, 2012, 100 × 105 cm
14 *Büro*/office, Weiße Villa Berlin, 2012, 70 × 61 cm
16 | 17 *X-Ray-Bar*, Hotel Schatzalp, Davos, 2013, 60 × 85 cm
29 *Grüner Stuhl*/green chair, Polen/Poland, 2014, 40 × 40 cm
31 *Nilpferd*/hippo, Polen/Poland, 2013, 100 × 100 cm
33 *Leopard*, Polen/Poland, 2013, 100 × 100 cm
34 *Blume*/flower, Polen/Poland, 2013, 70 × 70 cm
35 *Mann mit Eistüte*/man with cornet, Polen/Poland, 2014, 100 × 100 cm
37 *Farbtöpfe*/paint pots, Polen/Poland, 2015, 130 × 130 cm
38 *Cowboy*, Polen/Poland, 2014, 40 × 40 cm
39 Känguru/kangaroo, Polen/Poland, 2014, 40 × 40 cm
40 *Giraffe*, Polen/Poland, 2014, 100 × 100 cm
41 *Stuhl rosa*/chair pink, Polen/Poland, 2015, 40 × 40 cm
42 *Betty Boop 2*, Polen/Poland, 2015, 40 × 40 cm
43 *Betty Boop*, Polen/Poland, 2013, 70 × 70 cm
44 | 45 *Ich liebe Dich*/I love you, Blub Berlin, 2015, 30 × 40 cm
47 *He's gone,* Modell/model, 2012, 100 × 120 cm
48 *Telefonzelle Budapest*/Telephone box Budapest, 2012, 40 × 32 cm
49 | 50 *Bee*, Piemont/Piedmont, 2012, 80 × 120 cm
52 *Homemade*, Berlin, 2012, 70 × 70 cm
53 *Ressort*, Berlin, 2012, 100 × 100 cm
55 *Potse*, Berlin, 2011, 70 × 70 cm
56 *Piscina Communale*, Verbania, 2011, 70 × 70 cm
57 *Dominicusstraße*, Berlin, 2009, 100 × 100 cm
59 *Kill*, Berlin, 2011, 70 × 70 cm
60 *Stutti*, Berlin, 2011, 100 × 100 cm
61 *Standard*, New York, 2009, 100 × 100 cm
63 *Dart*, Berlin, 2007, 100 × 100 cm
64 *Barca*, Barceloneta Beach, 100 × 100 cm
65 *Eichkamp*, Berlin, 2011, 70 × 70 cm
67 *Savignyplatz*, Berlin, 2010, 100 × 100 cm
68 *Open*, Berlin, 2011, 70 × 70 cm
69 *Kudamm*, Berlin, 2011, 100 × 100 cm
70 *Hotel Savoy*, Berlin, 2011, 70 × 70 cm
73 *Eisladen*/ice cream shop, Berlin, 2013, 70 × 70 cm
74 | 75 *Bowling*, Bad Wildungen, 2010, 80 × 140 cm
77 *Entrée*, Filmset/film set, 2008, 100 × 100 cm
78 *Büro*/office, Filmset/film set, 2008, 70 × 65 cm
79 *Schlafzimmer*/bedroom, Filmset/film set, 2009, 60 × 80 cm
80 *Vorhang*/curtain, Filmset/film set, 2010, 60 × 60 cm
81 *Düsseldorf*, Filmset/film set, 2009, 100 × 114 cm
82 *Mädchenzimmer*/girl's room, Filmset/film set, 2008, 60 × 80 cm
83 *Wohnzimmer*/living room, Filmset/film set, 2009, 100 × 140 cm
84 *Barney's Bar*, Filmset/film set, 2008, 70 × 70 cm
85 *Küche*/kitchen, Filmset/film set, 2012, 60 × 80 cm
86 *Knast*/prison, Filmset/film set, 2009, 60 × 80 cm
89 *Backstop*, Nordhessen/North Hesse, 2014, 60 × 60 cm
90 *Barbie Haus*/Barbie house, Berlin, 2015, 60 × 60 cm
91 *Bühne*/stage, Lissabon/Lisbon, 2015, 60 × 60 cm
92 | 93 *Hotel Paradiso*, Piemont/Piedmont, 2014, 80 × 140 cm
94 *Ortasee*/Lake Orta, 2014, 40 × 40 cm

Alle Arbeiten/all works:
C-Print auf/on Aluminium Dibond

BIOGRAFIE / BIOGRAPHY

Anna Lehmann-Brauns
geboren/born 1968 in Berlin
lebt und arbeitet / lives and works in Berlin

Studium der Fotografie an der Hochschule für Grafik und Buchkunst Leipzig /
Studies of Photography at the Academy of Visual Arts Leipzig

Meisterschülerin von / Master-class student of Joachim Brohm

Gastprofessur an der Universität für Angewandte Kunst Wien / Visiting Professor at University of Applied Arts Vienna, 2010

AUSGEWÄHLTE AUSSTELLUNGEN /
SELECTED EXHIBITIONS
S = Solo Show

2015
- Galerie Springer Berlin (S)
- *Nachbarschaft*
  DAM – Deutsches Architekturmuseum
  Frankfurt am Main
- *Gegen den Tag*
  HaL – Haus am Lützowplatz, Berlin
- *Paradies/Schwarz*
  Galerie Greulich, Frankfurt am Main (S)

2014
- *Paradise Black*, mit/with Sabine Dehnel
  LSD Galerie Berlin
- *Drive the change* @ 100plus
  Hohlstraße, Zürich/Zurich
- Werkhallen Obermann I Burkhard
  Remagen, Permanent Exhibition

2013
- *First Choice Photography*
  Galerie Springer Berlin
- *Curated by Alice D.*, LSD Galerie Berlin
- *Miss You*, LSD Galerie Berlin (S)
- *Raum/Räume*, Galerie Springer Berlin

2012
- *Schwarzmalerei*
  Kunsthalle Frisch Berlin (S)
- *Lucy in the sky with diamonds*
  LSD Galerie Berlin
- Kunstvilla Bregenz (S)

2011
- *Innenwelten – Erinnerung, Nostalgie und Exotik*, Museum Kunst der Westküste
  Alkersum/Föhr
- *Feature*, Morgen Contemporary, Berlin
- *Anna Lehmann-Brauns / Michael Schäfer – Fotografie*, Halle am Wasser, Berlin
- *Still love you*
  Galerie Greulich, Frankfurt am Main (S)
- *Kulissenträume, Lichtspiele*
  a|e|galerie, Potsdam (S)

2010
- *Fiction Rooms*
  Galerie Lichtpunkt, München/Munich

2009
- *Wege zum Glück*
  Galerie Greulich, Frankfurt am Main (S)
- New York Photo Festival
  kuratiert von / curated by William A. Ewing

2008
- *Sun in an empty room*
  Galerie Kunstagenten, Berlin
- *Still love you*
  Kunsthaus Potsdam (S)

2007
- *Konstruktionen der Wahrheit*
  Darmstädter Tage der Fotografie, Darmstadt

2006
- *Gelebte Räume*
  Galerie Kunstagenten, Berlin
- *Sexhandel, Mythen, Alltag, Gewalt*
  Frauenmuseum, Bonn
- *Anna Lehmann-Brauns, Fotografie*
  Galerie Kunstagenten, Berlin (S)

2004
- *Fotografien*, Galerie Momentum, Berlin

2003
- *Modellierte Wirklichkeit*
  Oberösterreichisches Landesmuseum, Linz

2002
- *Hausordnung*, Stadthaus Ulm

AUSGEWÄHLTE STIPENDIEN UND PREISE /
SELECTED GRANTS AND PRIZES

- Stipendiatin / Residency fellowship
  Schloss Balmoral
- Anerkennungspreis / Appreciation
  Europäischer Architekturfotografie-Preis
- Stipendiatin / Scholarship Heinrich Böll Stiftung
- Kodak Nachwuchsförderpreis / Scholarship
- BRITA Kunstpreis 1. Preis / First Prize
- DAAD Travel Grant
- Art Prize Hospiz, Kunstquartier Arlberg

Für / For Roderich, Ricarda und / and Johann

MIT BESONDEREM DANK AN / WITH SPECIAL THANKS TO
Matthias Harder, Sabine Ziegenrücker,
Andreas Tetzlaff, Uta Grosenick, Sabine Jenske,
Sonja Bahr, Frederik Kugler, Heide & Robert Springer,
Andreas Greulich, Johann Schneider,
Ulrike Kolb, Sabine Dehnel, Katrin Ebling-Puhl,
Jutta Freifrau von Falkenhausen,
Alma & Stephan Erfurt, Annette Kilzer,
Elke Gennrich, Cornelia Saalfrank,
Lutz Gajewski, Union Investment Stiftung

Mit freundlicher Unterstützung durch den Kulturbeirat des Bezirksamtes Charlottenburg-Wilmersdorf von Berlin / With the kind support of the Cultural Advisory Council of the district office of Charlottenburg-Wilmersdorf, Berlin

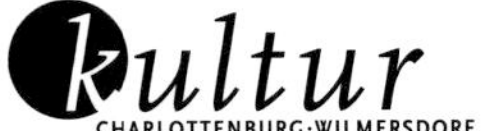

IMPRESSUM / COLOPHON

Herausgeber/Editor
Matthias Harder

Gestaltung/Design
Andreas Tetzlaff (probsteibooks, Cologne)

Texte/Texts
Matthias Harder, Sabine Ziegenrücker

Übersetzungen/Translations
Andrea Scrima

Lektorat/Copy Editing
DISTANZ Verlag, Frederik Kugler

Lithografie/Image Editing
max-color, Berlin

Produktion/Production Management
DISTANZ Verlag, Sonja Bahr

Gesamtherstellung/Production
DZA Druckerei zu Altenburg GmbH

Cover
Nilpferd/hippo, Polen/Poland, 2013, 100 × 100 cm
Vor- und Nachsatz / End papers
Pompeji Dreams Gelb/yellow, 2012, 60 × 85 cm
Pompeji Dreams Blau/blue, 2012, 60 × 80 cm
Frontispiz / frontispiece
Barca, Barceloneta Beach, 2012, 80 × 120 cm

Vertrieb/Distribution
Gestalten, Berlin
www.gestalten.com
sales@gestalten.com

ISBN 978-3-95476-112-8
Printed in Germany

Erschienen im / Published by
DISTANZ Verlag
www.distanz.de

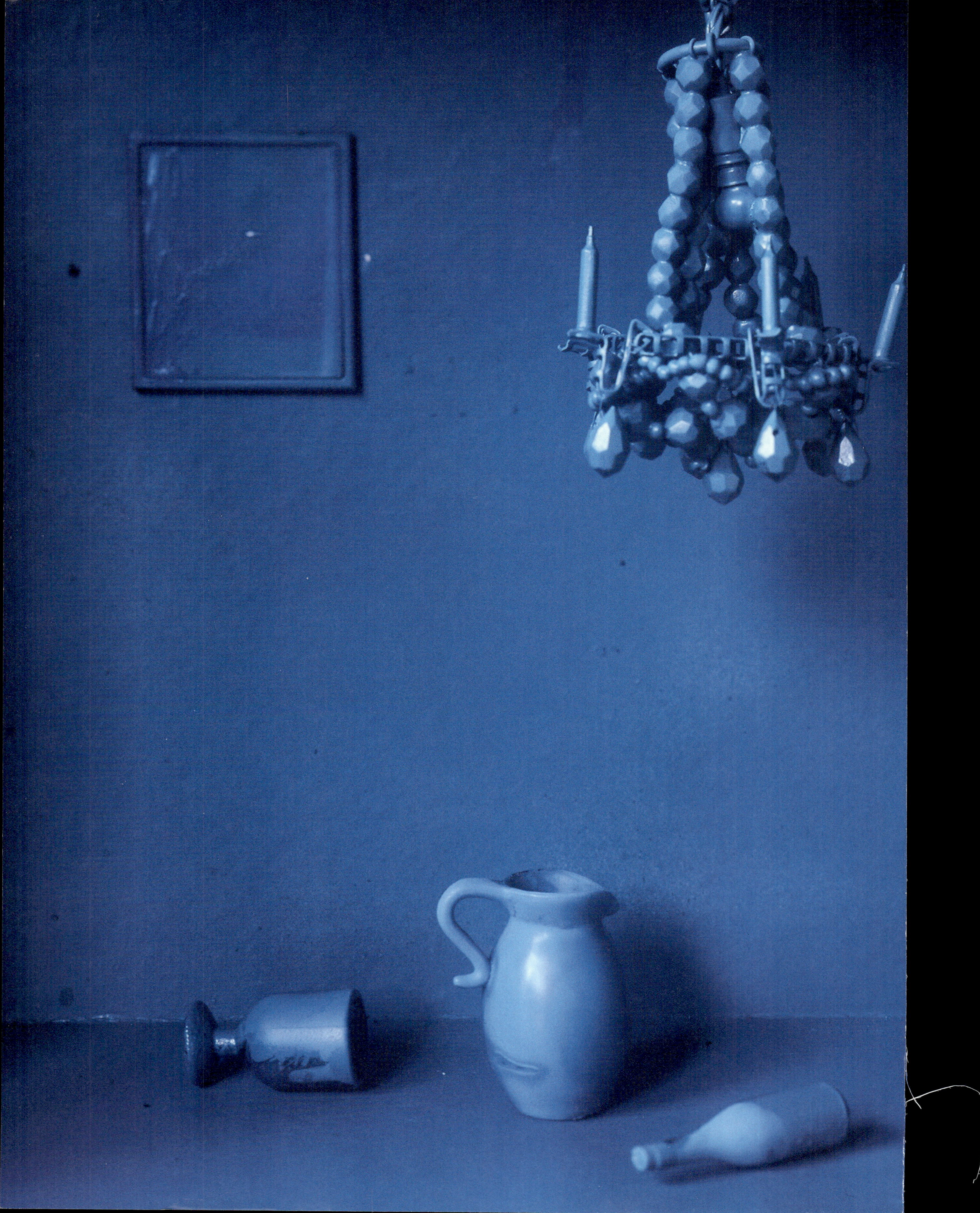